QUESTION royale et politique, avec sa décision, où il est montré en quelle extrémité, principalement en temps de paix, le sujet est obligé de conserver la vie du prince aux dépens de la sienne propre. Par J. Du-VERGER DE HAURANNE, abbé de S. Cyran. — Du fonds de Toussainct du Bray, 1609. — *Paris, P. M. Lamy,* 1778. Un vol. in—12.

Ce dernier livre est absolument le même que le précédent. Il n'offre d'autre différence que celle du titre et de la transposition de l'extrait du privilège du roi, qui, dans le premier, se trouve en regard de la première page, et, dans le second, en regard de la dernière. Les amateurs préfèrent cependant les exemplaires sous la date de 1609, qui sont toujours portés dans les ventes à un prix beaucoup plus élevé.

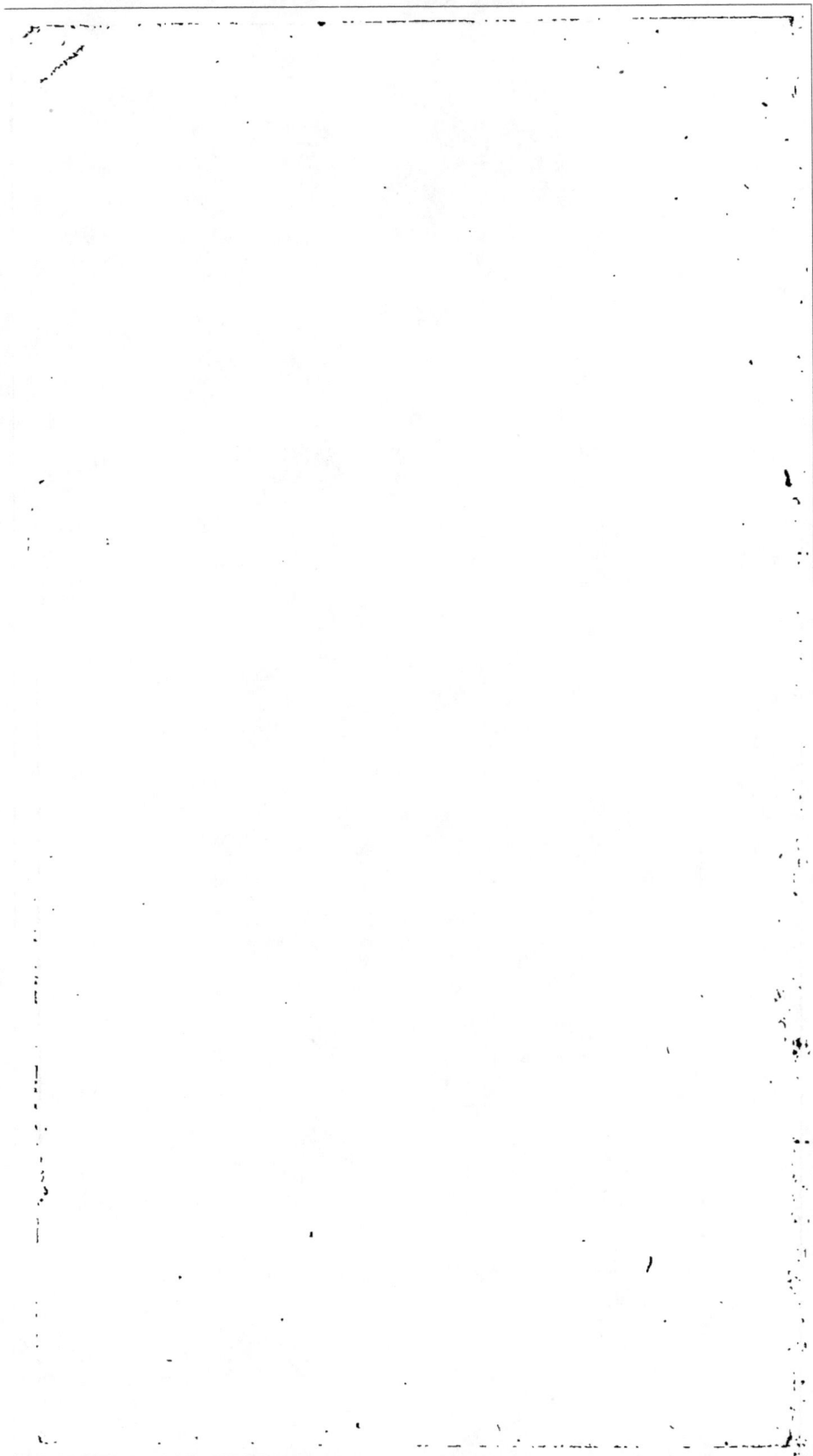

QUESTION ROYALE

ET POLITIQUE,

AVEC SA DÉCISION,

Où il eſt montré en quelle extrêmité, principalement en temps de paix, le Sujet eſt obligé de
conſerver la vie du Prince aux dépens de la ſienne
propre.

Par J. DU VERGER DE HAURANNE,
Abbé de S. Cyran.

Du Fonds de TOUSSAINCT DU BRAY, 1609.

A PARIS,

Chez P. M. LAMY, Libraire, quai des Auguſtins,
au coin de la rue Pavée.

M. DCG. LXXVIII.

AVEC PRIVILEGE DU ROI.

QVESTION
ROYALLE.

*Où est montré en quelle extremité
principallement en temps de paix,
le subiet pourroit estre obligé de
conserver la vie du Prince aux des-
pens de la sienne.*

LA puissance est beau-
coup differente de l'a-
ction, & l'vne, & l'autre
de l'obligation. Mais en matiere
de mœurs, & d'actions comman-
dees par la loy, ces trois choses
se regardent, & s'entresuiuent
de la mesme façon, qu'en l'ordre de la nature, la puissance, l'a-
ction, & l'obiet. Car tout ainsi
qu'à chaque sorte d'obiet diffe-

rent refpond vne differente fa-
culté, auffi toute forte d'obligation fuppofe en ce qui eft o-
bligé la puiffance de s'en acquitter. C'eft pourquoy ceux
qui difent qu'il ne peut iamais
arriuer que l'homme foit obligé
en quelque façon que ce foit de
fe tuer foy-mefme, s'entretien-
nent auec raifon en cette opinion, s'ils affeurent prealablement que l'homme ne fe peut iamais tuer foy-mefme fans contreuenir à l'inclination de la nature, & aux ordonnances de la raifon. De forte que combien que
ce foit toute autre chofe de fe
pouuoir tuer licitement foy-
mefme, & d'y eftre obligé,
i'auray neantmoins leué la principale difficulté, & comme
applany le chemin pour paffer fans crainte de rencontre, à
l'obligation que ie pretends, fi

i'oſte en quelque façon la difformité qu'ils attachent inſepa-
rablement à l'action. Car il n'y
a rien à leur aduis qui oſte à
l'homme le pouuoir de ce faire que la nature de l'action, qui
a ſi auant la malice emprainte
qu'elle n'en ſçauroit eſtre diſ-
traite, non plus qu'vne difference eſſentielle ne le peut eſtre de ſon eſpece. Or pour ruiner le fondement qu'ils poſent,
& pour monſtrer au iour que
ſa malice eſt changeante ſelon
la varieté des circonſtances, &
des fins qui en oſtent la difformité, ie mets en auant trois ſortes d'actions mauuaiſes d'vne
malice naturelle, c'eſt a dire qui
repugne directement à la raiſon,
comme vn obiect horrible, &
monſtrueux repugne de premier abord au ſens. La premiere
ſorte eſt de celles qui ont cette

mauuaiftié moralle, auffi intrin-
feque, & naturelle, comme la
bonté eft naturelle, & infepara-
ble de ce qui a l'eftre : de forte
que ces actions font toufiours
mauuaifes, comme l'eftre eft
toufiours bon, auffi peu fubiet-
tes au changement, comme le
changement à la conftance ;
telles en tous lieux, comme en
vn lieu, en tout temps comme
vn temps; auffi peu capables de
defguifement comme le defguifement, où le menfonge l'eft de
la verité : bref vrayes effen-
ces & natures d'actions diffor-
mes, qui ne reçoiuent ny plus
ny moins, fans accroiffement,
ny diminution, toufiours telles.
De ce genre font le menfonge, la pæderaftie, la haine de
Dieu, & beaucoup d'autres.
La feconde forte des actions
mauuaifes eft de celles qui le font
toufiours, & en tous endroits,

horsmis en extreme neceſſité. De ce genre eſt le larcin , & le mariage auec ſa propre ſœur , & d'autres. Car en tous les endroicts de la terre & au iugement de tous les hommes qui vſent de raiſon , cela eſt iugé mauuais , ſi l'extreme neceſſité n'y apporte de la contrainte , comme au cas du mariage elle interuint au commencement du monde. La troiſieſme ſorte eſt de celles qui ſont mauuaiſes veritablement , ſi on les conſidere en elles meſmes come nuës & deſchargées de toutes relations , & ſans les rapporter aux circonſtances qui leur donnent du luſtre , & qui leur impriment l'honneſteté de la vertu moralle : tout ainſi qu'vne lumiere qui vient de dehors illumine les choſes ſombres & tenebreuſes, & leur donne la couleur en diſſipant les tenebres &

l'obſcurité. De ce genre ſont tuer vn homme, ſe laiſſer tuer ſe laiſſer mourir, iurer & pluſieurs autres. Car le iurement par exemple pris nuëment, & en ſoymeſme eſt mauuais, pour ce que c'eſt vn ſigne du meſpris du commerce & de la foy des hommes. Car ſi la foy & la iuſtice ne s'en fuſſent reuolees au ciel, & n'euſſent abandonné le monde & ſi le ſoupçon des fraudes ceſſoit perſonne ne ſeroit induit à iurer. C'eſt pourquoy noſtre Sauueur l'a deffendu abſolument, comme il a deffendu abſolument, l'homicide, & toutesfois perſonne ne doute que l'vn & l'autre, accompagné de ſes circonſtances, comme des atours qui l'enuironnent, & qui donnent de la beauté à ſa laideur, ne ſoit honneſte & loiſible. Que ſi ie range ſous l'vn de ces deux derniers ordres d'actions

mauuaifes fe tuer foy-mefme,
ie diray à mon aduis la verité :
Mais pource que c'eft le point
decifif de la caufe, ie l'aduance
par maniere de Theze, pour le
prouuer aux autres, apres l'a-
uoir aprouuée en moy-mefme.
Il n'eft pas croyable que le droit
que Dieu a fur la creature raifonnable foit fi reftreint & fi
borné qu'il ne puiffe pas luy
commander de fe perdre & de
s'aneantir foy-mefme, & pro-
teftant par ce commandement
de fa fouueraine puiffance fur
le refte des chofes humaines,
par le facrifice volontaire de la
premiere des creatures. Et comme pour combattre & contrecar-
rer la barbarie du diable, qui
auoit tant gaigné fur les hommes, que de les induire à luy
immoller leurs propres enfans,
il fufcita Abraham luy comman-

dant de luy immoller ſon propre fils, qu'il n'ait pas la puiſſance de requerir des hommes
vne pareille obeïſſance, pour
des fins que ſa ſageſſe infinie
cognoit aſſez, & pour faire eſ-
ſay tout enſemble de leur conſtance, & de leur religion, afin
de confondre & de rembarrer
le meſme eſprit d'erreur qui ſe
ioüoit de la vie des hommes au
Paganiſme, & qui par des pre-
textes ſpecieux & colorez leur
faiſoit ſoüiller leurs mains en
leurs propres entrailles. Si naturellement il nous a faits tels que
nous ne viuons qu'en la ruine de
nous meſmes, que le tout de
l'homme ne ſubſiſte que ce pendant que les parties principalles
s'entrechoquent l'vne l'autre, &
que meſme au poinct que la nature va dauantage reparant les
ruines du conflict des humeurs,

elles s'alterent, fe minent, & s'en-
treruinent ; feroit-ce merueil-
le s'il commandoit à l'vne des
parties par vn nouueau commandement de deffaire violam-
ment fon tout, veu qu'il ne fub-
fifte que par fa deffaicte, & que
ce commandement a efté defia
donné aux parties de chaque
indiuidu elementaire à l'encontre de leur tout. Le monde à
tout autant de parties qu'il en-
ferre de chofes, & enfemble
tout autant d'ennemis qui tra-
uaillent à fa ruine. Les elemens
qui en font les principaux membres font auffi fes principaux ennemis, & ce qui en eft compofé
dechet par vne inegalité de tem-
perature és parties agiffantes.
Mais comment peut on doubter
de ce pouuoir de Dieu, s'il eft
maiftre de la vie, & de la mort
des hommes, fi nous fommes fes

ouurages comme vaisseaux fres-
les, paistris de la main du po-
tier ? Comment peut on doubter
qu'il ne puisse armer la main de
l'homme contre l'homme mesme ? & comme elle est assez souuent l'instrument de l'iniquité
humaine la faire l'instrument de
la iustice diuine, ou pour autre
fin, cognuë à luy & à nous in-
cognuë ? Y a-il de la difference
entre nous & le reste des creatures, quant à la soubmission &
à la dependance du Createur.
Pour avoir esté faits d'or & elles
d'vn moindre metal, en som-
mes nous moins à l'ouurier ? Il
armera les parties du monde
contre le monde sur son declin,
comme au commencement, il
arma l'element de l'eau pour
rauager tout ce qui estoit dans
le monde, & il luy sera des-
nié de pouuoir deffaire vn hom-

me par luy mefme? Quand il ne
nous auroit releuez que pour
nous ruiner par apres, quand il
ne nous auroit donné la main,
l'inftrument qui fabrique tous
les autres, que pour nous en
faire vfer contre nous mefmes,
& que ce fuft pour declarer fa
puiffance, comme il fit d'autres
fois en la ruine de Pharaon,
ce feroit trop d'honneur pour
nous d'eftre employez à vn tel
vfage : Que fi Dieu à ce pouuoir fur la creature raifonnable (comme il femble qu'on
ne le luy fcauroit denier fans
amoindrir quelque chofe de fa
toute puiffance) fe tuer foy-
mefme n'eft pas vne action du
premir Genre , qui ait fa malice fi enracinee que nulle bonne
intention ne la puifle iamais ar-
racher. Ce qui ne fera pas trou-
ué eftrange , fi on s'auife , qu'il

y a d'autres actions creues
mauuaiſes vniuerſellement de
tout le monde , & partant mauuaiſes d'vne mauuaiſtié comme naturelle , & immuable , qui
n'ont pas neantmoins (ſi on y
prend garde de plus pres) la difformité des actions du premier
ordre , quoy qu'on la leur im-
pute par vne commune opinion.
Au rang de celles la , ie mets
la Polygamie de pluſieurs hommes : Car ie croy que Dieu la
pourroit auſſi bien tolerer , ſi
la neceſſité des grandes & ineui-
tables occaſions le requeroit ,
comme il a toleré & approu-
ué au commencement du monde celle de pluſieurs femmes.
Mais comme aux ſciences ſpe-
culatiues la difference derniere , & ſpecifique eſt enuelo-
pee de tenebres , & donne toute la peine à l'eſprit en la di-

ſtinction des choſes , de ſorte
qu'on eſt contraint de les diſcerner par autre choſe que ce
qui leur eſt eſſentiel ; il en arriue de meſme en la ſcience des
actions humaines , où la difficulté eſt d'autant plus grande
que leur difference ſe prend de
pluſieurs chefs , & de la relation imperceptible de l'obiect
à la raiſon , fondee en vn
amas de circonſtances varia-
bles , qui pour eſtre choſes ſingulieres fourniſſent pluſtoſt matiere d'experience , que
de ſcience. Or puis que la raiſon naturelle eſt vn ſurgeon
de la loy eternelle , & vn extrait de cet infiny modelle de
toutes choſes , quand ie n'aurois prouué la nature de ceſte
action que par le rapport qu'elle a à la loy diuine , qui ne
la tient pas ſi eſtrange en ſa

malice , qu'elle ne puiſſe eſtre
du reſſort de ſa volonté , &
de ſa puiſſance infinie , i'aurois
ſuffiſamment ſatisfait au premier
doubte , & oſté l'horreur , &
la brutalité qu'on imagine en
l'action de ſe tuer ſoy-meſme ,
& qu'on pretend n'auoir point
d'autre contrarieté à la raiſon
humaine que celle-la meſme par
laquelle elle repugne à la raiſon diuine. Mais voicy comme
ie prouue encores par d'autres
raiſons priſes du cours des choſes humaines que ceſte action
peut perdre ſa difformité en
quelques occaſions , & qu'elle
peut eſtre plus familiere à l'homme de bien que quelques hommes ne s'imaginent. Et premierement , au commandement
que Dieu a donné de ne tuer
point , n'eſt pas moins compris le meurtre de ſoy-meſme
que

celuy du prochain. C'eſt
rquoy il a eſté couchê en
ts generaux ſans aucune mo-
cation , pour y comprendre
te ſorte d'homicide. Or eſt-
que nonobſtant ceſte deffen-
, & ſans y contreuenir. Il
iue des circonſtances qui don-
t droit , & pouuoir à l'hom-
de tuer ſon prochain. Il en
arra donc arriuer d'autres qui
donneront pouuoir de ſe
r ſoy-meſme , ſans enfrein-
e le meſme commandement.
n'y a qu'vne difference ,
ſt qu'il ſemble que le meur-
de ſoy-meſme à vne diffor-
té plus grande que le meur-
de ſon prochain ; ce qui
antmoins n'altere point ma
iſon. Car ce n'eſt autre cho-
qu'vn ſurcroiſt de malice en
ie meſme eſpece de peché ,
ii fait que le rencontre des cir-

B

conſtances pour authoriſer vn
tel meurtre , en eſt plus difficile
& moins en vſage. Mais comme en l'ordre des choſes ſimples , il y a pluſieurs degrez , &
d'autant plus qu'elles s'eſloignent
du premier eſtre general , &
qu'elles approchent des indiuidus on leur attribuë plus de
choſes , auſſi en ces trois ordres
d'actions , il y a diuerſité de
malice en chacune d'elles , &
d'autant plus qu'elles ſont repu-
gnantes à la raiſon , c'eſt à dire
qu'elles ont leur malice , & difformité plus determinee & plus
eſloignee de l'eſtre general , &
abſtrait de celles de leur ordre
par des differences indiuiduelles,
de malice qui leur ſont plus propres. Si elles ſont des deux derniers ordres elles ont beſoin
d'vn plus grand amas de circonſtances , ou d'vne treſ-importan-

te , qui par l'excellence de son
vnité recompence le deffaut du
nombre , pour donner quelque
couleur à leur difformité , & la
rendre matiere de vertu & d'a-
ction licite. Au moyen dequoy ,
comme les qualitez d'vne mefme espece , & les indiuidus d'v-
ne mesme substance sans chan-
ger de nature essentielle sont
restraints , & estendus diuersement en leurs perfections par
le moyen des accidens qui leur
arriuent , qui font que l'esprit
a de la peine souuentesfois à
iuger , & à conceuoir egalité
de nature entre des choses si
diuersement parees au dehors
& au dedans , qui par la di-
uersité des ornemens , & facul-
tez naturelles semblent prote-
ster de leur diuerse nature , ie
dis de mesme que nonobstant
la particuliere enormité qui se

B ij

trouue à fe tuer foy-mefme ;
que neantmoins cefte action eft
de la mefme efpece que celle
par laquelle on tuë le prochain.
Car fans parler de leur obiect
(l'vnique feau de nos actions,
& ce qui leur imprime la vraye
marque de leur effence) qui
eft commun à toutes les deux,
toutes les obligations qui enga-
gent l'homme à fa propre conferuation , & qui le rendent
coupable de foy-mefme s'il fe
defait mal à propos , font les
mefmes qui interuiennent à la
deffence du meurtre du prochain , & qui rendent coupable de tout autant de loix , le
meurtrier s'il y contreuient. Car
fi l'amour eft le premier de nos
mouuemens , & fi le premier des
commandemens eft celuy qui
nous oblige à l'amour de noftre
prochain , comme de nous mef-

mes, il semble que nous som-
mes obligez egalement à l'vn &
à l'autre : & pource que l'homme est naturellement accostable,
& amateur de la compagnie, cet
amour naturel qu'il se porte à
soy-mesme se partage quant &
quant en deux, & naist comme
gemeau pour s'espandre & communiquer à quelque sorte de
societé humaine. Mais pour ce
qu'il semble que parlant de la
foy naturelle i'emprunte neantmoins des forces pour estayer
la foiblesse de mes raisons, de
celle de la grace ; ie dis que ce
precepte nous a esté premierement donné par l'Autheur de
la nature ; qui iugeant mieux
que nous de l'humeur de l'homme luy inspira dés le commencement de la vie , cet amour
dans le cœur , & afin de luy
donner quant & quant moyen
B iij

de l'efclorre , & de l'eftendre
en fes fubiects , il dit tout haut
qu'il n'eftoit pas bon , c'eft à
dire conuenable à fa nature que
l'homme fuft feul. C'eft pourquoy il produifit la femme de
luy mefme comme du germe
d'amour qui le pouffoit à telle
production , & en elle , comme en vn feminaire plantureux,
le refte de la focieté humaine ,
qui fe multiplia par ce moyen
fur la terre. De forte que comme on dit des caufes , que les
effets qu'elles produifent au dehors font comme une extenfion
d'elles mefmes , & vn accom-
pliffement exterieur de leur perfection , ie croy que l'homme
eftant auffi naturellement focia-
ble , comme il eft capable de
difcipline , fe parfait en la ciuile
focieté , & recouure fa derniere perfection au meflange , &

en la conuerfation des hommes.
Et c'eft à quoy ont vifé à mon
aduis les premiers Philofophes,
quand parlant de l'Androgyne,
ils difent que l'homme auoit efté
coupé en deux moitiez au commencement, qui viennent à fe
rechercher inceffamment parmy les troupes, & communau-
tez des hommes, afin de fe re-
prendre, & de fe parfaire par
le moyen de leur revnion. C'eft
pourquoy il me femble que
l'homme n'a pas moins d'inclination, ny d'obligation à conferuer la vie de fon prochain
que la fienne mefme ; veu qu'il
fe trouue en quelque façon en
l'vne, & en l'autre, & par la
mefme loy qu'il eft obligé à
foy-mefme, il eft obligé à autruy comme à foy-mefme, pour
ce qu'il ne peut pas eftre en luy
feul, mais en autruy, qu'il ne

veut pas eſtre luy ſeul , mais
auec autruy , comme viuant vne
vie moyenne , & qui tient de
l'vn & de l'autre. Ce que ie de-
clare plus particulierement par
le denombrement des loix qui
deffendent d'entreprendre ſur ſa
propre vie. Car il n'en y a pas
vne qui ne ſoit pareillement enfreinte par l'homicide du prochain. Celuy qui ſe tuë peche
premierement contre la loy , *Tu
ne tueras point* , & ainſi il viole la iuſtice particuliere. Car il
n'eſt pas à luy meſme, il deſtruit
le domaine d'autruy , il eſt comme locataire de ſa propre vie ,
& l'ame deſloge du corps comme de ſa maiſon , quand il plaiſt
à celuy qui l'y a logee , a qui eſt
l'hoſte & le logis , & qui nous a
preſcrit le terme de noſtre habi-
tation en ce monde. Et de ce co-
ſté le meurtre du prochain reçoit

çoit vne particuliere difformité
qui ne se trouue point au meurtre de soy mesme , veu que celuy qui tuë le prochain est plus
à soy mesme que n'est le prochain , & en tuant le prochain,
il destruit tout ensemble ce qui
n'est pas au prochain & ce qui
est aucunement au prochain. De
sorte que comme il est plus à
soy que n'est le prochain , il y
a autant de rabbais de malice à
se tuer soy-mesme, qu'on a plus
de droict sur soy mesme, & autant de surcroist à tuer le prochain qu'on a moins de droit sur
le prochain , & qu'on luy rauist
quelque chose qu'on ne se rauist
point à soy mesme. La seconde
loy qu'il viole , est la loy de
la charité, par laquelle il luy
est enioint de s'aymer soy mesme ; & ceste loy est tousiours
enfreinte en l'homicide du pro-

chain , & quelquesfois beaucoup plus qu'en l'homicide de
foy-mefme : comme aux cas aufquels il eft pluftoft obligé de fe
laiffer tuer que de laiffer perdre vne perfonne publique &
tres-importante à l'eftat. Car la
confideration du bien public eft
de telle forte , qu'elle peut chan-
ger l'ordre de la charité qui eft
auffi bien fubiecte à l'equité &
à la correction de la raifon comme le refte des loix. La troi-
fiefme loy qu'il viole , eft la
loy legale & vniuerfelle qui re-
fide en la communauté ou en
fon chef : car tandis que nous
viuons en vn Royaume ou en
vne republique , nous en fommes les membres , qui rece-
uons le mouuement de nos fupe-
rieurs ; & les loix font pardeffus
nos volontez , & fi malgré elles, nous ruinons noftre propre

vie , ou par vn coup de mort ,
ou par des actions ruineufes qui
nous y difpofent , nous luy faifons iniure & dommage. Ie n'ay
garde , difoit vn fage ancien ,
d'aller à l'encontre des loix politiques aufquelles ie me fuis
foubmis dés mon enfance : car
i'aurois peur qu'eftant là haut
au ciel les loix eternelles ne me
reprochaffent d'auoir violé ça
bas leurs fœurs , les loix tempo-
relles. Or eft-il que la mefme
tranfgreffion fe voit & le mefme
tort fe fait à la chofe publique
en l'homicide du prochain : Car
celuy qui le tuë , luy coupe
comme vn de fes membres malgré elle , & la priue du droict
qu'elle a d'vfer de fes citoyens
en chofes neceffaires. Que fi le
citoyen qui a efté tué par vn autre , eftoit plus vtile ou neceffaire que celuy qui f'eft tué foy mef-

C ij

me , qui fera peut eſtre vn fai-
neant & homme deſpourueu de
toute force de corps & d'eſprit
(comme vne telle laſcheté ne
peut tomber qu'en vne telle ame)
l'outrage en eſt plus grand , & la
loy legale eſt bien plus lezée par
la perte de l'vn que de l'autre.
Si donc les meſmes loix qui deffendent de ſe tuer ſoy meſme ,
deffendent de tuer le prochain ,
ſi l'enormité de l'vne & l'autre
action ſe rapporte à meſmes cauſes , ſi c'eſt vne repugnance à
meſmes vertus , vne reſiſtence
à meſmes inclinations , & vn
deuoyement de meſmes loix ; &
s'il arriue neantmoins aſſez ſouuent qu'on peut tuer iniuſte-
ment, voire de ſang froid ſon prochain , & que le peché par lequel on le tuë repugne touſiours
plus à la iuſtice particuliere , &
touſiours egalement & ſouuent

beaucoup d'auantage à la iustice
legale, tousiours à la charité, &
quelquefois auec plus de force
& de forlignement de la raison
que ne fait le peché par lequel
on se tuë soy mesme, N'arriuera-
il iamais, que se tuer soy mesme soit accompagné de circonstances qui le rendent licite &
action d'honneur & de vertu?
Car puis que la loy qui est la
principale regle, & comme le
frein de nos actions, semble
auoir relasché de sa rigueur à
nous dispenser du meurtre du
prochain en quelques circonstances, qui a-il qui la puisse empes-
cher de nous dispenser du meurtre de nous mesmes, en d'autres circonstances ou egalles ou
plus grandes, puis qu'elle deffend l'vn & l'autre egallement,
voire soubs mesmes termes? Se-
ra-ce n'auoir point de proprieté

C iij

ſur ſa vie pour auoir puiſſance
de la deſtruire ; ou auoir trop
d'inclination à la conſeruer, que
l'homme ne ſçauroit vouloir ſ'e-
touffer de ſoy meſme ſans vne
eſpece de rage & de forcene-
ment ? Sera - ce manquement
d'honneſteté au motif qui porte
à tel effet , ou de raiſon en celui qui en ſera eſmeu ? Sera ce la
ſubordination de toutes choſes à
ſa vie , & de ſa vie à Dieu ſeul ?
Bref, ſera-ce ou imiter ou ſur-
paſſer la cruauté des beſtes &
durant la lumiere du Chriſtianiſ-
me , faire encores eſtat & ſolen-
niſer par des cruautez ſembla-
bles , la barbare magnanimité
de l'aueugle paganiſme ? Rien
moins , tout cet amas de raiſons
ne fait aucun effort contre la verité que ie pretends eſtablir , ains
au contraire l'eſclaire & l'autho-
riſe. Non, ce n'eſt pas le manque-

ment de proprieté : Car quoy
qu'on la diffiniſſe vn pouuoir &
vn droict qu'on a, d'vſer & de
iouyr de la choſe auec pouuoir
d'en abuſer & de la deſtruire à
ſon bon plaiſir ; ſi void-on tous
les iours (ſans parler de la de-
ſtruction legitime des autres choſes, ſur leſquelles on n'a qu'vn
ſimple vſage ou que le ſeul vſu-
fruit) que la choſe publique
qui n'a point de proprieté ſur
nos vies, les deſtruit auec authorité & ſans reproche par le glaiue de la iuſtice. En quoy elle
ne ſe comporte pas autrement
que ſi l'homme employoit l'vne
de ſes mains à retrancher l'autre qui luy ſeroit nuiſible. Ce
n'eſt non plus la force de l'inclination ; car la choſe publique
en a vne pareille pour la con-
ſeruation de ſes parties, contre
laquelle elle ſe bande quand
C iiij

elle condamne à la mort vn de ses membres pour le separer du reste du corps : mais pour ce qu'il y a de la cause il n'y a pas de la faute. Et puis l'inclination en l'homme n'est pas celle de la nature, ains celle de la raison, & comme il est composé de deux natures, aussi sent-il deux inclinations. Mais comme le genre est determiné par sa difference, aussi la generale inclination qu'il a enuers toutes sortes de biens sensibles, & nommément à l'endroit de sa propre vie, est restreinte par les considerations de la raison à choses toutes contraires, & à ce que naturellement il deuroit desirer, qui est de viure & de se conseruer en son estre. Quant à l'honnesteté du motif, i'ay monstré cy deuant que ceste action en peut receuoir, quand ce ne seroit que du commandement de Dieu ; & puis il y a trop de liaison entre le moyen & la fin, pour douter de l'honnefteté de l'vn, apres auoir prouué la poffibilité de l'autre felon la raifon. Que s'il fe trouue des fins qui s'y rapportent, qu'elle difficulté y a-il de les faire paffer de l'objet au fujet par l'apprehenfion, de la raifon, qui en defcouurira l'honnefteté, pour la tranfmettre aux actions qui en prouiendront. Quant à la fubordination de noftre vie à Dieu, nous n'y dérogerons pas, non plus que la chofe publique n'y déroge pas, quand elle entreprend de nous ofter la vie, laquelle Dieu feul f'eft referuée entre les autres chofes ; comme autresfois dans le Paradis terreftre il fe referua le feul arbre de fcience de bien & de mal : nous ayant donné le pouuoir de de-

ſtruire le reſte des choſes de la
terre , voire la vie des plus par-
faits animaux , non ſeulement
pour noſtre nourriture , mais
pour le moindre de nos vſages ,
iuſques au ſimple contentement
de les voir mourir. Ce n'eſt donc
pas de nous meſmes , ny de noſtre propre authorité , que nous
agirons contre nous meſmes : &
puis que cela ſe doit faire hon-
neſtement & auec vne action de
vertu , ce ſera par l'aдueu &
comme par l'enterinement de
la raiſon. Et tout ainſi que la
choſe publique tient la place de
Dieu , quand elle diſpoſe de
noſtre vie , la raiſon de l'homme en cet endroit tiendra le lieu
de la raiſon de Dieu : & comme
l'homme n'a l'eſtre qu'en vertu de l'eſtre de Dieu , elle aura
le pouuoir de ce faire , pour ce
que Dieu le luy aura donné , &

Dieu le luy aura donné, pour ce
qu'il luy a defia donné vn rayon
de la lumiere eternelle, afin de
iuger de l'eftat de fes actions,
qui eftant comme vne parcelle
d'vn tout vniforme, opere par
la mefme forme que fon tout, &
ne peut nullement iuger des chofes conformément à fon idée,
qu'elles n'ayent autant ou plus
de conformité à la premiere idée
d'où elles ont efté extraictes, &
d'où la fcience mefme deriue,
comme l'image de fon modelle.
De forte que quand il nous arriuera de faire vne action fi fe-
rieufe, fi elle femble auoir la
difformité de celle des Payens,
la diuerfité de la raifon qui
nous y aura induit, l'adouci-
ra & la garentira de ce blaf-
me, & le miniftere auquel noftre
raifon fubordonnée à celle de
Dieu nous aura deputé nous ac-

querra autant de loüange d'eſtre
obeïſſans & vertueux, que la leur
peruertie par de fauces appre-
henſions , leur en a acquis d'a-
uoir eſté cruels & vicieux. Nous
iugerons de nos objets par le
moyen d'vn ſens clair & net , ,
ſans que l'alteration du milieu ,
ny l'illuſion du Diable nous y
apporte de l'empeſchement : au
lieu qu'ils auoient la veuë trouble , l'entendement esblouy , la
volonté peruertie ; pource qu'ils
manquoient de la lumiere qui
chaſſe de la raiſon le nuage de
l'infidelité & du premier erreur ,
qui accompagne la naiſſance
de l'homme. En fin toutes choſes ſont pures & nettes à ceux
qui le ſont. Mais pour mettre en auant quelque particuliere fin qui puiſſe iuſtifier ceſte
action & la rendre vertueuſe , ie
dis qu'il peut arriuer que l'hom-

me y fera obligé pour le bien du
Prince & de la chofe publique,
pour diuertir par fa mort les
maux qu'il preuoit affeurément
deuoir fondre fur elle s'il conti-
nuë de viure. Et comme les premiers tyrans difoient mefcham-
ment, que s'il falloit iamais
rompre la Foy, c'eftoit pour paruenir à la royauté; ie dis au contraire, que s'il faut iamais fe
ruyner, & mettre la main par-
ricide fur foy mefme, & fi l'on
y eft quelquesfois obligé, c'eft
pour la maintenir & en la faifant
viure & fubfifter, par fa mort
donner la vie à tout vn eftat qui
s'en alloit mourir. A quoy ie
ne doubte pas que la raifon ne
puiffe porter l'homme en le luy
commandant, fi la vie du
Prince eftoit fi neceffaire en vn
Royaume, comme vn chacun
de nous le fent parmy la tran-

quilité publique de noftre eftat,
qui n'a point d'aftre plus fauo-
rable pour f'y maintenir , que
la vie de l'inuincible Monarque qui le gouuerne. De forte
que nous pouuons hardiment
dire , que comme ce n'eftoit pas
affez à Dieu d'auoir creé le monde , s'il n'euft daigné le conferuer par vne continuation , & vn
flus perpetuel de creation ; c'e-
ftoit encores moins ànoftre Prince l'image de Dieu , d'auoir remis & reftably la France , fi ce
bon-heur de la voir en paix ne
nous eftoit continué par le pro-
longement de fa vie. Qu'il arriue
donc , pour pofer le cas , que
nous foyons en danger de la perdre (ce que Dieu deftourne fur
fes ennemis) foit que paffant de
Calais à Douure , il ait efté em-
porté par la violence des vents
bien auant dans la mer, foit que

par quelque autre malheur, il
se trouue reduit en quelque de-
stroit, & en l'vn & en l'autre
si viuement pressé de faim, qu'-
il ne puisse y remedier que par
la mort volontaire de celuy qui
l'accompagne ; celuy - là ne sera - il pas obligé de s'immoler,
pour le salut du Prince & de
tout vn peuple ? Qu'il ne le
puisse, ie n'y voy point de contrarieté, comme il est clair par
les preuues precedentes ; qu'-
il y soit obligé, ie le preuue.
Dieu n'eut pas si tost donné à
l'homme l'auantage de la raison
par dessus le reste des animaux,
qu'il en resulta, comme vne
proprieté de l'essence, l'inclination à la societé. De sorte, que si
separer la proprieté de l'essence
de la chose, est vne repugnance
naturelle, qui n'a aucun rapport
à la puissance infinie (parlant hu-

mainement) que par le moyen de l'imagination, on peut dire qu'il eſtoit auſſi peu poſſible à Dieu de faire l'homme ſans eſtre enclin à la ſocieté, comme à l'homme de n'y eſtre pas porté , ayant le don de la raiſon. C'eſt pourquoy l'homme eſt nay naturellement ſubiet à trois ſortes de gouuernement , & a beſoin d'acquerir trois perfections pour ſ'acquitter de trois deuoirs auſquels il eſt obligé des ſa naiſſance ; aſçauoir enuers ſoy , enuers la famille , & enuers le Roy ou la Choſe publique. L'ethique le gouuerne en ſoi meſme, l'œconomique en ſa famille , la politique en la choſe publique. La premiere lui fourniſt des vertus particulieres , comme des inſtrumens pour ſe former & pour ſe cultiuer ſoy meſme ; la ſeconde des vertus vn peu plus

plus generales ; la troisiesme
des heroïques & vniuerselles. La
premiere le rend homme de
bien , la seconde bon pere de famille , la troisiesme bon citoyen,
& bon subiet. La premiere , le
fait entrer en consideration de
soy-mesme ; la seconde , de sa
femme & de ses enfans ; la troisiesme , de son Prince & de ses
concitoyens. Ce qui se fait auec
vne telle subordination, que de
ces trois obligations qui naissent
de trois diuerses loix , & qui se
rapportent à trois sortes de
bien, l'vne cesse par le rencontre de l'autre, ou sert de moyen
pour auancer & pour conduire à
sa fin le bien de l'autre : & là où
chacune procureroit à part soy
naturellement son bien & son salut, il arriue neantmoins que l'œ-
conomique est obligee de negli-
ger son salut & son bien , pour

obeïr à la politique & luy procurer le fien ; & qu'au contraire l'œconomique commande à
l'ethique, & lui impofe pour fon
profit, des loix qui repugnent à
fa nature, & qui luy font dom-
mageables. Et qui plus eft ,
pource que l'homme eft vn Chi-
ron , & vn Centaure myparty ,
l'ethique fe trouue fubordon-
nee à foy-mefme , & l'homme
obligé à fon bien par fa propre perte. Mais pour mieux é-
claircir tout cecy , confiderons-
en la verité en leurs obiets, &
premierement en celuy de l'ethique , qui eft l'homme. Il a vne
generale inclination au bien du
tout, & au bien du fuppoft, fans
laquelle il en a encore de particulieres en chacune de fes parties, qui font comme les petits
refforts & les moindres machines
d'vn horloge, qui fe rapportent à

leurs actions comme à leur fruict.
Et pource que ce sont les parties d'vn tout, elles se rapportent les vnes aux autres, & toutes ensemble au bien du tout,
& reçoiuent de l'inclination qu'-
il a au bien en general, leurs
particuliers mouuemens, comme de la maistresse roüe ; qui
leur sont interdits, quelquesfois,
quand la mesme inclination du
suppost, qui a pour obiect tous
les biens des puissances particulieres, le iuge necessaire pour le
bien de son indiuidu. C'est, dira
peut estre quelqu'vn, parler de
l'homme comme d'vn corps pu-
rement naturel : prenons le donc
de plus prés, & comme vrayment le subiet de l'ethique, c'est
assauoir entant que composé de
deux natures, comme de pieces
d'vne belle architecture, qui a
ses proportions tirées de la rai-

fon. N'eft-il pas (pris en cefte
forte) contraint de vouloir ce
qu'il ne veut pas, & de ne vouloir point ce qu'il veut, & comme Dieu fepara les eaux des
eaux, par l'entremife du firma-
ment, de faire diuorce auec
foy-mefmes, de defmefler fes
deux natures, & par vne heroï-
que refolution feparer fes inclinations, comme vne mefme
flamme fe fepara d'autresfois en
deux, par la contrarieté des
cendres de deux ennemis irré-
conciliables. Mais puis que l'vne
eft corps & l'autre efprit, l'vne
fens & l'autre entendement, l'v-
ne appetit fenfitif, & l'autre raifonnable, il y a de l'obligation
du cofté de l'inferieur de fe laiffer mener & conduire par la partie fuperieure auec fa propre perte. De forte qu'on peut dire
que la partie animale f'efteint &

s'amortist en l'homme , pour
donner vie à la raisonnable , voire elle y est obligee , comme il est
éuident par le peché qui en re-
sulte quand elle se reuolte.
L'homme donc qui se gouuerne
selon l'ethique , est obligé de se
se mortifier en l'vne de ses parties
pour le bien de la principale ,
c'est à dire pour le bien de l'homme. Et quand par des exercices
continuels il s'est purgé des pas-
sions ennemies , il parvient à vne
si grande vertu , qu'il ne sent
point que rien resiste à ses iustes
& genereuses resolutions. Et
pour monstrer que c'est vne rede-
uance naturelle , que la partie
moins noble doit à la plus noble,
& que tout ce qui est d'animal &
de sensuel en l'home doit à l'home ; S'il y auoit quelque raison
plus grande en luy que celle qu'il
possede , elle seroit responsable
D iij

de fes maluerfations, & de fes
abus ; & notre raifon ne feroit
plus fautiue en elle mefme ;
pource que fes ordonnances feroient fubiectes au contrerolle
& à l'examen d'vne fuperieure
raifon, qui feroit obligee à ref-
pondre de fes actions, s'il y auoit
de l'erreur & du manquement:
& la nature qui eft à prefent la
plus parfaite en l'homme, feroit afferuie & obligee au bien
d'vn autre plus parfaite, comme la fenfitiue fe tient main-
tenant pour honoree d'eftre
fubiecte à la raifon, & de luy
procurer fon bien & fon auantage. Mais faifons paffer l'homme
en l'eftat œconomique, pour y
remarquer vne autre forte de
fubiection en fes parties. Il n'eft
plus celuy au bien duquel toutes
chofes fe rapportent, il ceffe d'e-
ftre vn tout, & commence d'eftre

vne partie, il eſt obligé au bien
d'autruy, comme n'aguieres on
eſtoit obligé au ſien, il ſe trouue
party en ſa femme & en ſes enfans, car vn chacun d'eux ʇ
quelque choſe du ſien. C'eſt
pourquoy quand Dieu le vou-
lut aſſocier à vne femme, il luy
oſta vne de ſes coſtes afin de la
former, & quand par le moyen
d'elle il luy donna des enfans, ce
fut touſiours auec perte de ſa ſu-
bſtance & diminution de luy-
meſme. C'eſt pour monſtrer que
l'homme en la famille, & tout
ce qui entre en la compoſition
de ce corps œconomique, ne
ſont que ſimples parties qui regardent vn bien commun par
toutes leurs actions, comme
toutes les functions des ſens ex-
ternes ſe rallient au ſens commun, & ne plus ne moins qu'en
l'ethique, les particulieres incli-

nations & actions de toutes les
parties, se rapportent au bien & à
l'inclination generale du suppost.
C'est la cause qu'il oblige l'homme à courir beaucoup de fortu-
nes, pour destourner celle de sa
famille, qui luy fait hazarder sur
terre & sur mer. sa vie pour conseruer celle de ses enfans, qui
la luy fait mesprifer comme vn
des plus petits biens, pour ne
perdre pas ceux qu'il possede,
& qui luy sont necessaires pour
l'entretien de sa famille, lors ou
que le feu qui va gaignant iufques au sommet de la maison,
le menace de le deuorer s'il
y accourt, ou les ondes de la
mer releuees comme des mon-
tagnes, de l'engouffrer en leur
abysme s'il s'abandonne trop li-
bremen à la mercy de leurs va-
gues. C'est l'obligation du vray
pere de famille qui fist interrompre

rompre, fans impieté le facrifice, pour monftrer la pieté enuers fes enfans, à les depetrer
des embraffemens contagieux
de deux ferpens qui les enuelo-
poient à fa veuë. Car Laocoon
ne pouuoit veoir celà fans·eftre
obligé à les fecourir ; il ne pouuoit continuer de profeffer fa
pieté enuers les Dieux, fans tef-
moigner vne impieté enuers fes
enfans ; la vie du pere leur e-
ftoit ce coup là obligee ; & s'il
ne vouloit point interrompre le
facrifice, ny manquer à la pieté d'un bon pere, il n'y auoit
point d'autre moyen, qu'en faifant voir qu'il pouuoit eftre le
facrificateur, & le facrifice tout
enfemble. C'eft ce que fit encore
qu'vn gentil archer voyant fon
fils à la mercy d'un ferpent qui
l'entortilloit, iugea que fa pieté
faifoit fort à propos rencontre

E

de l'adreſſe de ſa main, pour
hazarder des auſſi toſt le trait
de mort, contre celuy qu'il
vouloit garentir de la mort, &
pour lui donner la vie, du meſme coup qu'il donnoit la mort
à celui qui lui alloit rauir la
vie. Que ſi au contraire Virgi-
nius croyoit qu'il eſtoit obligé
de garentir la virginité de ſa
fille, & qu'il n'y pouuoit pour-
ueoir autrement, qu'en faiſant
voir la rigueur vertueuſe d'vn
pere de famille, l'erreur de ſa
conſcience lui deuoit ſeruir de
commandement. Mais ce n'eſt
pas ſeulement pour ces deux parties principales de l'œconomie,
aſſauoir la femme & les enfans,
que l'on peut abandonner ſa vie
à vn grand hazard de la perdre;
ains encores pour empeſcher les
larrons d'emporter ſes biens, qui
ſont les moindres parties de la

famille. Et comme les Rois portent le glaiue pour venger les
forfaits qui se commettent en
leurs Royaumes, il a esté un
temps que les peres de famille
l'ont porté, pour venger ceux
qui se commettoient en leurs
maisons. Du depuis que le monde a creu, & que les familles se
sont ramassees en vn corps de
Ville, ils ont fait vn transport
leur droict particulier aux com-
munautez. Mais il leur est tousiours demeuré de grandes mar-
ques de leur souueraineté. Car
la loy ciuile leur laisse encore
la punition de la principale for-
faiture qui se puisse commet-
tre en leurs maisons, & qui tou-
che le haut point de l'honneur
du Maistre, & les serfs qui sont
selon l'Aristote, le quatriesme
bien de la famille, & les ins-
trumens animez du Maistre leur

font encores demeurez en proprieté, aux lieux où cette loy fe
pratique : de forte qu'ils font
vraiement maiftres de leur vie, à
tout le moins, comme le mineur
eft maiftre de fes biens. Ce qui
éclaircira, fi on y prend garde,
la difficulté que nous traitons.
Car quoy que le Maiftre ne puiffe pas à chaque bout de champ
tuer l'efclaue, pourquoy fera-il
neantmoins hors la poffibilité des
euenemens honneftes que le ferf
ne puiffe iamais en quelque occa-
fion que ce foit confacrer fa vie
pour celle du maiftre ? fur tout
ayant une vraye connoiffance de
fa feruitude & de fa vileté, & du
pouuoir du Maiftre à l'expofer à dix mille dangers, de le
faire paffer iufques à l'extremité de la terre par vne fimple vente, de l'égaler aux moindres chofes par vn contract, de fe cou-

urir de fon innocence comme
d'vn pauois, en plufieurs occafions contre les traits de fes ennemis, en fin retirer fa vie faine
& fauue pour engager celle d'vn
miferable ferf au mefme danger.
Pourquoy, fi en ce cas il eft
obligé par obeïffance, de f'expofer pour luy, ne pourra-il
pas arriuer que de foy-mefme,
ou apres l'ordonnance du Maiftre, ou apres celle de la raifon,
qu'il aura peut eftre plus libre
que le corps, il fe fente obligé
d'efteindre fa vie par vn breuua-
ge mortel, pour la conferuation
de celle du Maiftre? Il fe pourra faire, l'vn eftant defia tout
caffé, & l'autre fort & vigou-
reux, l'vn du tout inutile, l'autre
fort neceffaire, l'vn lafchement
afferuy, l'autre fouuerainement
Maiftre, que tant de maux f'en
enfuiuent en l'vne des plus illu-.

ſtres familles, ſi l'vn ne vit, & tant
de biens, ſi l'autre meurt ; bref
des circonſtances ſi rares & ſi ſingulieres qu'vn chacun ſe peut i-
maginer, & qui peuuent quelquesfois ſi facilement arriuer,
qu'il ſemble que la repugnance
à la raiſon, en telles circonſtances, ne peut eſtre qu'imaginai-
re. Et ie croy que ſ'il y a de la
difformité & de la contrarieté
à la raiſon, elle ſe verroit au
fondement de ma preuue, qui
eſt qu'vne creature raiſonnable
peut eſtre aſſeruie aux meſmes
vſages, que le reſte des choſes
plus baſſes, pluſtoſt qu'en la
concluſion que i'en infere, qui
eſt qu'elle peut mourir non ſer-
uilement mais librement pour
l'amour de celuy à qui le malheur de ſa condition l'auroit aſ-
ſubietie comme vn de ſes biens,
faiſant profeſſion en ſa mort de
la liberté & de la raiſon qu'elle

n'auroit peu profeller durant fa
vie. Et toutesfois eft-il poffible
qu'on accorde ce principe, qu'-
on la peut traiter fi indigne-
ment, du confentement mefme
de la raifon, qu'on l'egalle aux
chofes infenfibles, & de neant,
qu'on en face des ventes & des
contracts pour l'apprecier pluftoft comme vne befte brute par
la force & foupplefle du corps,
que par aucune partie de l'efprit,
& par la noblefle de l'ame, &
cependant qu'on trouue fi eftrange, & fi difforme la conclufion
qui en refulte? L'homme eft-
il moins maiftre de fa liberté
que de fa vie? Dieu luy a til
moins donné l'vn que l'autre?
mais ne lui a til pas donné l'vn
pour l'autre? voire mefmes luy a
il peu donner l'vn fans l'autre,
puis qu'il ne l'a peu faire viure,
qu'afin qu'il vefcut librement?

Vraiment Dieu ne le pouuoit faire à fon image qu'en luy donnant la liberté, & ne pouuoir luy donner la liberté qu'en le faifant à fon image, & ne pouuoit le tirer hors les caufes de fon eftre qu'il ne le fit l'image de la premiere caufe. C'eft pourquoy la raifon, la volonté, & la puiffance motiue lui ont efté donnees, afin qu'il confideraft toutes chofes, qu'il vouluft ce qu'il auroit refolu, & qu'il cherchaft ce qu'il auroit voulu. Et neanmoins nous ne trouuons point de cruauté à le defpouiller de fa liberté, & à le veoir foupirer le long de fa vie fous le ioug d'vne miferable feruitude ! La vie lui demeurera, & la fin de fa vie qui eft la liberté lui fera oftee ! Il pourra perdre l'vn fans l'autre fans qu'on pretende qu'il y ait de la cruauté, & mefme auec de l'obligation à vne telle perte ! Et il ne fçaura iamais difpofer de fa vie qu'il n'y ait de l'horreur, & à fe l'ofter, & à l'ouir dire? Le ferf contribuera le long de fa vie par toutes fes actions, auec vne eftroite obligation ; à fa captiuité, il fera obligé d'eftouffer l'inclination qu'il a à la liberté par vn continuel feruage : il en fera difpenfé fi vous voulez par la raifon mefme, & il n'arriuera iamais vn tel rencontre de circonftances parmy la varieté des euenemens humains qu'il puiffe eftre obligé pour le bien de la famille, pour laquelle de moment en moment il ruine fa vie peu à peu par toutes fortes de trauaux & dangoiffes, à f'abandonner à la mort pour la garantir de ruine, luy qui en eft vn des biens, lequel on employe, fans aucun fcrupule, à toutes fortes d'vzages, & qu'on expofe à

toutes fortes de dangers? Mais
foit, qu'il n'y foit point obligé: Pourquoy ne le pourra til
pas s'il le iuge neceffaire, &
qu'il aime la famille & fon chef,
qui fera peut eftre ieune & luy
chargé d'ans? fur tout f'il fe
veoit reduit à la neceffité de
mourir, ou auec fon maiftre
qui eft vn redoublement de malheur, ou pour l'amour de luy,
qui eft vn allegement de douleur? Et quand il ne le pourroit pas de foymefme, cela demeure à tout le moins certain
& arrefté, qu'il eft permis aux
maiftres d'vzer des efclaues en
des actions d'où probablement
la mort doit f'enfuiure, de rem-
parer leur vie de la leur, de ne
diuertir pas à efcient les maux
qui les menacent pour diuertir
ceux qui menacent leur famille,
de les ennoyer aux coups, afin
qu'il les éuitent eux mefmes; de

conferuer leur vie aux defpens
des feruiteurs ; & pour le dire en
vn mot par maniere de conclufion & d'axiome principal ; l'authorité du maiftre fur le ferf eft
vn pouuoir qui s'eftend fur la
vie & fur le corps du ferf, & partant il eft vray maiftre & pro-
prietaire du corps , de la fub-
ftance , & de l'eftre de fon efclaue. Que s'il ne peut le decou-
per , le ruiner & le perdre , comme vne autre forte de poffeffion,
c'eft que tel vfage luy eft deffendu , comme au mineur la
perte & la ruine de fes biens :
mais s'ils fe trouuoient fur vne
mefme table de naufrage ou dif-
ficilement ils peuffent ranger
tous deux , ie croy que le ferf fe
pourroit ietter dans la mer , &
luy affeurer la vie en luy quittant
fa place , ou que le maiftre à fon
deffaut l'y pourroit contraindre & l'en deboutter , comme

ruinant vn de ſes biens pour ſe
conſeruer ſoy-meſme : de meſme
qu'il peut arriuer des cas auſquels l'equité corrigera la loy
qui deffend aux mineurs d'vſer
de leurs biens par leurs mains,
& de les aliener, & d'en diſ-
poſer à leurs volontez. Ce qui
ſuffira pour prouuer l'obligation que les parties & les membres ont au bien de la famille,
& le rapport qu'elles ont entre
elles à ſe ſecourir, qui oblige plus eſtroitement les moins
parfaites aux plus parfaictes &
neceſſaires. Car pour dire vn
mot du rapport & de l'obligation que le fils a au pere ; s'il eſt
ſous ſa puiſſance, le pere pour
ſortir de quelque grande neceſſité, & qui correſponde à ceſte
onereuſe & ineuitable obligation du fils enuers le pere peut
le rendre ſerf par vente, & le

fils eſt obligé d'y conſentir,
comme s'il eſtoit notablement
pauure, ou qu'il fuſt ſur le point
d'eſtre tué des ennemis, ou
d'eſtre mis en ſeruitude & en ga-
lere, il pourroit ſe redimer de
ce danger, en y engageant quelqu'vn de ſes enfans. Mais pour
monſtrer encores, outre ce
que i'en ay deſia dit, l'obligation du pere enuers les enfans, comme à l'oppoſite de
celle des enfans enuers les peres:
ie croy que ſous les Empereurs
Neron & Tibere ils eſtoient o-
bligez de ſe tuer pour le bien de
leur famille & de leurs enfans:
car c'eſtoient ſous ces tyrans vn
vſage ordinaire d'enuoyer vn
tribun, ou vn centenier, afin de
denoncer la derniere neceſſité
aux plus illuſtres Senateurs &
chefs de famille, qui n'auoient
point d'autre crime que la repu-

tation publique de leur integrité, & quant à ceux qui obeïf-
foient & qui preuenant la mort
fe la donnoient de leur propre
main, leurs teftamens demeu-
roient & fortoient leur entier
effet, les funerailles leur eftoient
faites auec autant de pompe
& d'honneur que s'ils fuffent
morts d'vne mort naturelle fans
eftre condamnez, qui eftoit le
pris & la recompence, comme dit Tacite, de ceux qui fe
haftoient de mourir. Que s'ils
temporifoient & qu'ils euffent
en horreur d'eftre les executeurs
d'vne fi iniufte fentence pro-
noncee contre leur innocence,
les Sergens les trainoient en prifon, les bourreaux les y trouuoient qui les faifoient mourir
de leurs mains, auec toute forte
de cruauté & d'infamie, qui
croiffoit encor apres leur mort,

d'autant que les corps en eſtoient iettez à la voirie : mais qui pis eſt la chambre du Treſor heritoit de tous leurs biens & leurs enfans tomboient en roture, ou par condamnation ou par pauureté. N'eſtoient ils point à voſtre aduis obligez de preuenir la ruine de leur famille , les miſeres de leurs enfans,leur infamie propre, & ſur tout la cruauté par laquelle on les faiſoit mourir ? Ce qu'ils euitoient en ſe haſtant de mourir d'vne mort plus douce telle qu'ils euſſent peu choiſir ſans faire tort à leurs enfans, ny à eux meſmes. Que ſi apres toutes ces raiſons quelqu'vn croit que les preuues precedentes ſoient trop foibles , qui ſont neantmoins comme à l'epreuue de toute obiection , & que ie n'aye pas ſuffizamment prouué l'obligation de ſe tuer ſoy - meſme

pour le bien de l'œconomie en
quelqu'vne de ſes parties : i'ay
toujours à dire que quand elle
ne ſe trouueroit point en l'eſtat
œconomique , cela n'oſteroit
rien de la force des raiſons que
ie deduiray cy-apres pour l'e-
ſtablir en l'eſtat politique. Car
comme elle eſt la plus grande
& la plus faſcheuſe de toutes les
obligations qu'on ſçauroit mettre en auant , auſſi releue elle de
la plus excellente ſorte de bien
qui ſoit au monde comme de
ſa fin : & de la meſme façon que nous auons veu croi-
ſtre l'obligation des parties au
bien du tout paſſant de l'E-
thique à l'œconomique , nous
la trouuerons auſſi augmentee
& en ſa derniere perfection en
l'eſtat politique. Quand donc-
ques les membres de la famille ne ſeroient iamais obligez
de

de se deffaire , mesme pour diuertir la mort de leur chef, qui
traine apres soy la ruine d'vne
illustre famille , seroit-ce mer-
ueille ? veu que l'œconomique
ne peut iamais tomber entierement en ruine par la perte de
son chef , & qu'elle demeure
tousiours sous le gouuernement
d'vn autre chef & d'vn autre
maistre , qui est le Prince ou la
Republique , qui la maintien-
dra en son estat comme l'vne
de ses parties. Mais si par la
perte de ce chef vniuersel le
Royaume ou la chose publique
tombe en desordre , qui la remet-
tra , ou la garentira de ruine ? Il
n'y a plus de subordination à
vn autre chef qui en eut auparauant le premier gouuernement.
C'est pourquoy ie dis asseure-
ment , que si les parties iugent
euidemment de la ruine de leur

F

chef, s'il fe peut faire vn efchange de leur vie à celle du Prince , elles y font obligees. Car
comme l'ame vegetatiue eft vne
forme fubftanticelle qui à fes parties és fubiects qu'elle anime ,
mais fi toft qu'elle s'allie auec
la fenfitiue elle commance d'e-
ftre vne de fes parties , & l'vne
& l'autre iointes à l'ame raifonnable font comme les ruiffeaux
qui s'engouffrent dans la mer qui
deuienent & fe nomment parties des eaues de l'ocean : ie
dis de mefme de l'homme , que
là où en l'ethique il eftoit le
maiftre de fes actions , fes parties & fon tout , fes biens particuliers & fon bien vniuerfel ,
fa puiffance & fon obiet , fon
moyen & fa fin , celuy qui vfoit
de foy mefme pour foy mefme
en dernier reffort , comme la fin
& l'agent tout enfemble de tou-

tes ses œuures , qui estoit le
Roy & le maistre de ses membres pour tourner tous leurs
mouuemens à son profit sans aucune espece de tyrannie , en fin
deuenu maistre de famille , est
tombé d'vn plus grand estat en
vn moindre , auec quelque sorte d'auantage vrayement , pour
y garder encore la preseance &
la maistrise , pour y estre entre
les parties la premiere partie ,
& comme le chef. Mais quand
il entre en l'estat politique , il
resigne toute sa preeminence
il n'est plus comme l'homme qui
se gouuerne : il n'est plus comme le chef qui gouuerne , il
n'a rien plus en soy à regarder
comme son bien , il n'a plus
de pieds , il n'a plus de mains ,
il n'a plus d'yeux , plus de poul-
mons , plus de foye , plus de
cœur ; ains il est tout pieds ,

tout mains, tout poulmon, tout
foye, tout cœur, & tout tel
qu'il est en toutes ses parties, &
en son tout ; il n'est qu'vne partie & vn instrument à diuers
vsages & fonctions. C'est pourquoy on dit fort à propos en
commun prouerbe que les Rois
ont de longues mains, par le
moyen desquelles ils peuuent en
vn moment frapper en toutes
les extremitez de leur Royaume, pource que les hommes
qui sont respandus par toutes
leurs terres sont vrayement leurs
mains qui par vn mouuement
continué & renuoyé de l'vn à
l'autre portent & executent en
tous endroits les commandemens de leur chef : comme
la terre reçoit en son giron
l'heureuse influence du Ciel par
le moyen des corps interpo-
sez qui sont comme la main qui

porte le baiſer du Ciel à la terre. Que ſi ceſte profeſſion que
l'homme fait de viure en vne
communauté politique ſous le
commandement d'vn Roy ou
d'vne republique, l'a tellement
rabaiſſé que de le rendre partie de ce corps ; il faut aduouer
qu'il n'a pas ſi toſt renoncé à
ſes volontez & à ſes grandeurs,
qu'il a contracté, ſe rauallant
de la ſorte, vne obligation
eſtroite d'agir & de ſouffrir,
de viure & de mourir, pour
la choſe publique. Poſons les
circonſtances comme cy-deſſus,
& pour le couper court ſup-
poſons vne ruine euidente de
l'eſtat. La partie ne ſera elle pas
obligee de ſe perdre pour le garentir ? le bien du tout n'eſt ce
pas la fin de chacune de ſes
parties ? & le bien commun
n'eſt-ce pas la fin de chaque per-

fonne en la communauté ? &
toute chofe n'eſt-elle pas obligee à ſa fin ? Si chaque partie
eſt determinee pour ſon action
particuliere ; la partie la moins
noble pour la plus noble , le
ſens pour l'entendement , le
poulmon pour le cœur , toutes
les parties pour la perfection de
leur tout , la matiere pour la forme , la forme & la matiere pour
le compoſé ; ſi les parties ſont
comme la matiere du tout , & ſi
comme vne partie eſt dite n'eſtre
qu'en puiſſance au reſpect de
l'autre , auſſi toutes les parties ne
ſont qu'en puiſſance , au reſpect
du tout ; l'homme qui ſans doute n'eſt rien qu'vne partie en vne
communauté au regard de ſon
tout , ſera-til moins pour le bien
de ſon tout & de la communauté ? Au contraire , puis que cette
ſorte de tout & de bien eſt le plus

vniuerfel , puis que les autres
biens & le bien de chaque tout
particulier fe ramaffe en celuy
de la communauté , qui eft où
feulement s'arrefte l'inclination
des autres chofes , comme les
chofes inferieures fe r'allient en
l'ordre fuperieur ; fi ce qui eft
le plus parfait en chaque genre
des chofes , eft la mefure des autres ; il faudra rehauffer l'obligation de l'homme , en tant que
partie politique pardeffus les autres parties , par l'excellence du
bien auquel il fe rapporte , &
eftimer l'obligation des autres
d'autant moindre qu'elle regarde vn moindre bien , & com-
pofer celle de l'homme de tous
les deuoirs qui fe remarquent
és autres parties , comme fon
tout eft compofé du bien de
chaque tout particulier. Ce qui
proue que quand les parties des

autres touts ne feroient point obligees à fe deftruire pour le bien de leur tout (ce que i'ay prouué fuffifamment) l'homme neantmoins ne pourroit point pretendre à cette immunité , & la confequence en feroit mal tiree pour fon regard. Que fi elles y font obligees , comme elles font, l'homme y doit eftre compris à plus forte raifon, & les mefmes caufes qui luy donnent la prefeance fur les autres parties en cefte qualité d'eftre partie d'vn plus noble tout, la luy donneront auec les mefmes furcroifts en l'obligation qui fuit la nature des parties. Or eft-il encore facile, fans auoir recours à l'ethique , & à l'œconomique , de la remarquer plus clairement en toutes les autres parties du monde , qui fe rompent & fe brizent pour

efcarter

escarter le mal commun : à chacune desquelles la nature a donné vne double inclination comme elle a donné à l'homme vne
double nature , pour imprimer
en celles-là quelque sorte d'affection à leur ruine pour la ga-
rentie de leur tout , & à cestuy-
cy vn moyen de se perdre soy-
mesme en l'amortissement des
sens, pour le bien de la raison,
& aux vns & aux autres vn
commandement naturel de n'y
faillir iamais. A quoy celles qui
ont leur obeyssance immuable,
necessaire, & dependante seulement de la premiere raison ,
ne sçauroient faillir ; pource
que sans estre trauersees par
aucune fausse consideration elles se laissent aller où leur inclination les porte. Par la force
de laquelle l'eau s'esleve contre
la nature de son poids pardes-

G

sus son lit & son siege ordinaire,
& estant naturellement le principe de son mouuement & de
son repos en vn lieu bas , elle
s'esmeut & se repose par vn mouuement aussi naturel que le premier en vn lieu haut. Et quand la
quantité de l'eau qui se releue ne
seroit pas bastante à remplacer
le vuide de l'air , elle repareroit
ce manquement par vn eslargis-
sement , & par vne rarefaction
de soy-mesme , ou bien les plus
solides corps d'alentour se iette-
roient hors de leurs places pour
luy seruir de suplement. Car c'est
vne maxime tres asseuree , que
tout ce qui est dans le monde
a vne double inclination. l'vne
a son propre bien , l'autre au
bien commun ; & quoy qu'il vse
de l'vne plus rarement que de
l'autre , l'vne pourtant ne luy est
point moins naturelle que l'au-

tre , & la mefme relation qui fe
trouue aux chofes , fe trouue aux
inclinations : & là où il n'y a
point moyen d'allier les chofes
contraires , à caufe de leur repugnance naturelle , elles s'allie-
roient neantmoins naturellement
pour le bien du commun ; &
comme les autres chofes fe de-
ftruifent pour empefcher la ruine de leur tout , celles cy aufquelles il eft auffi naturel de fe
deftruire comme aux autres de
ne fe deftruire point, feroient, s'il
eftoit befoin , comme vne fur-
feance de leur inimitié , pour ne
rompre point le lien du monde.
En fin , pluftoft que la nature
enduraft la moindre ouuerture
en l'affemblage des corps qu'elle
a collez enfemble , pour en ba-
ftir vn monde, elle le deftruiroit
fi le bris & le fracas volontaire
de quelques parties , & la con-

trarieté de leurs mouuemens n'y
apportoit le remede. Que si les
actions de la nature sont guidees
par quelque entendement , si
Dieu en est l'autheur , & comme
la forme intellectuelle qui pre-
side à leurs inclinations , sans
laquelle elles n'auroient garde
d'assener leurs buts si seurément
qu'elles font , s'il en est comme
l'archer qui decoche leurs plus
iustes traits , s'il est l'intelligence
qui donne le mouuement à ce
monde inferieur , s'il est responsable des defaux qui y font , s'il
y en a aucuns (mais il n'y en
a point , veu qu'il a tres-bien
pourueu à tout par le moyen
de l'inclination qu'il a donné
aux parties à se ruiner en leurs
propres mouuemens & en leurs
substances , pour la defense du
bien de leur tout) si l'homme est maistre absolu de ses pro-

pres actions , s'il se donne luy
mesme le mouuement & la loy ,
comme bon luy semble , s'il se
conduit à sa fin , comme Dieu
seul y conduit le reste des choses , si son tout est plus parfait
que celuy des parties du monde ,
veu que le monde est vn moindre bien que l'homme mesme ,
puis que le monde a esté fait pour
l'homme , & si l'homme est plus
partie du corps politique qui est
son vray tout , que les autres
parties du monde ne sont parties du monde , puis que son
tout est le plus parfait : & si
son tout est vn corps dont la liaison des membres est plus necessaire que celle du monde mesme , & d'autant plus excellente que ses parties , & sa fin sont
de plus excellentes parties , &
vne plus excelente fin , s'il a
esté creé pour entrer en societé

G iij

& en communauté , comme
les parties du monde ont esté
creées pour l'accomplissement de
leur tout ; bref si apres auoir
refusé d'estre regi de Dieu , il a
demandé de son propre mouuement d'auoir un Roy , s'il s'y
est assubietty , comme au chef
de son corps politique , s'il arriue qu'en quelque occasion il
iuge tant auantageusement de
la vie de son Prince , qu'il la
tienne pour le seul lien du repos public , & qu'il voye clairement que le malheur soit tout
prest de le rauir au bien commun
pour le ruiner , si luy mesme ne
se ruine pour le rauir au malheur mesme , & pour faire tout
ensemble vne offrande à l'estat
de sa mort , de la vie du Prince,
de la paix publique , & de l'estat
mesme ; sera-il moins coupable
d'auoir manqué à toutes ces

belles & grandes relations de
son deuoir, & à toutes les obligations qui resultent de l'exce-
lence de son tout, que seroient
les autres parties du monde elementaire si elles y pouuoient
manquer ? & y sera-til moins
obligé qu'elles à leur propre ruine pour entretenir la liaison du
monde ? C'est en toute autre
chose que la raison donnera de
l'auantage à l'homme, & qu'elle lui seruira de preseruatif contre les maux ; c'est en toute
autre chose que la relation qui
reiallist du rencontre & de la
confrontation de choses diuerses, sera casuelle & produi-
te comme par hazard selon que
disent les Philosophes ; c'est en
toute autre chose que la ruine de soy mesme sera effroya-
ble & interdite à la raison. Mais
quoy ? la raison venant à apre-

G iiij

hender cette forte de mal , comme n'eftant pas de l'ordre des
actions du premier rang , qui
ont leur malice annexe & in-
feparable de leur effence , &
d'ailleurs l'intention de la focieté humaine & du bien com-
mun ayant efté la premiere Idée
en l'entendement diuin , fur laquelle ont efté formees toutes
les parties du monde aufquelles Dieu a donné pour effence la relation au bien de leur
tout , & pour y paruenir de fecrettes inclinations qui les y
pouffent , fera-il dit que la raifon
pourra ofter à l'homme la cognoiffance de fa fin , & qu'il aura
moins d'obligation à fon tout ,
que le refte des parties , pour ce
qu'il aura efté creé le plus parfait ? Si l'autheur de la nature
auoit creé les chofes naturelles
fans leur donner des inclinations

reelles au bien commun n'auroit
il pas failly en chofes neceffaires ? & fi elles ne les portoient
en quelques occafions iufques à
leur propre ruine, ne feroient-
elles pas imparfaictes ? & la
faute feroit elle aux chofes, ou
en la premiere raifon qui les
adreffe à leurs fins ? & fi la raifon eftoit en la chofe, comme
elle eft en l'homme, feroit-ce
pas la creature & non pas le
Createur qui feroit coulpable
pour ne s'employer pas aux vfa-
ges, aufquels la premiere raifon
emploie le refte des chofes ? Tant
s'en faut donc que la preroga-
tiue de la raifon en difpence
l'homme, qu'au contraire elle
le fait entrer plus auant en cefte
obligation Car c'eft elle qui rend
l'efchange de la vie à la mort
auantageux ; & là où les autres
parties fe ruinent fans efperance

d'eftre iamais reftablies , l'affeu-
rance qu'a l'ame de fon immor-
talité , & de fe retrouuer de nouueau en meilleur eftat apres la
perte de fon corps luy doit faire
fentir l'obligation qu'il y a de
mourir pour fon païs , quand en
mourant on s'ofte la vie pour la
donner au Prince , qui ne pouuoit la perdre qu'auec la defola-
tion de fon païs. Mais il n'y a
rien qui donne moins d'appa-
rence à cette grande obligation
que le peu de reflexion que la
raifon faict fur foy-mefme ,
qui cognoift beaucoup mieux
les deuoirs des autres que les
fiens propres , qui fe laiffe facilement aller à la rigueur d'vn
commandement , quand il s'a-
gift d'y engager les autres , là
où quand elle examine fon deuoir , elle monftre plus de fub-
tilité à fe difpenfer des loix que

d'integrité à fe les impofer. Elle
fait comme le Iuge qui porteroit
fentence en fes propres caufes,
quand fon intention mefme feroit de rendre la iuftice à fa partie il s'y porteroit fans doubte
plus lachement que s'il n'y alloit
rien du fien : & fi l'intereft particulier ne lui oftoit point la volonté de bien faire, il luy dimi-
nueroit à tout le moins infenfi-
blement quelque chofe de la cognoiffance qu'il deuroit auoir de
fa caufe. Ce qui me perfuade
que quand quelques autheurs
auroient failly de croire que les
Anges peuuent cognoiftre les
penfees efclofes, & qui nagent
fur le cœur, fans cognoiftre
pourtant le fond & l'interieur
du cœur ondoyant, diuers, &
plain de cachots, & de replis ; au
moins auroient-ils efté pouffez
à cette creance, quoy qu'incer-

taine par le moyen de la cognoiffance qu'ils ont euë , qu'on ne fçauroit nier , & qu'vn chacun defcouure facilement en examinant fes fecrettes affections & mouuemens , fçauoir eft que l'homme mefme qui eft la caufe de fes intentions n'eft pas fi maiftre de fon cœur qu'il puiffe en tout temps cognoiftre l'abyfme & l'origine de toutes fes penfees & de fes debuoirs ; que Dieu f'eft à bon droit nommé le feul Scrutateur du cœur, à caufe de l'impenetrabilité de fon fonds , & de l'emanation obfcure des mouuemens qui en reffortent , pour ne partager point ny auec les hommes, ny auec les Anges l'excellence de ce tiltre. Cela n'empefche pas neantmoins que ceux qui ont le cœur & la raifon plus efpuree n'en approchent aucunement , & quoy qu'ils

ne puiffent iamais defcouurir la
derniere veine de cette profonde fource , fi fe plongent-ils
comme plus auant dans ceft
abyfme pour y confiderer iufques aux moindres caufes & ha-
bitudes de leurs mouuemens &
obligations. De là naiffent ces
diuerfes opinions entre les hommes de leurs debuoirs , & de
leurs actions , & fur tout en la
morale, qui a d'autant moïns fes
refolutions claires & arreftees,
qu'il y a diuers autheurs qui taf-
chent de les efclaircir & de les
arrefter : ce qui ne prouient d'ailleurs que de la diuerfe apprehenfion qu'vn chacun fait de
foy-mefme , & de fa raifon. Si
eft il neantmoins certain que les
plus fenfez entre les hommes du
monde, & les plus adroictz entre les Philofophes qui traictent
de l'Ethique , fortent plus facile-

ment des difficultez , font plus
refolus en leurs iugemens , donnent des loix plus affeurees aux
confciences , fans laiffer aucune matiere de doubte , & de
fcrupule , & fauent en fin mieux
ce qu'il faut faire en toutes les
occafions qui fe prefentent. Car
comme d'autant plus qu'on vien-
dra à penetrer ou vn principe , ou vne caufe feconde , ou
la prémiere caufe , on y verra
plus de conclufions , plus d'effects , plus de chofes poffibles ,
auffi felon qu'on manie plus dex-
trement fa raifon , qu'on la pe-
netre , qu'on la rapporte par vn
gentil affortiment, ores à Dieu ,
d'où elle eft defcenduë , comme à fon Archetype , ores
aux chofes qu'elle regarde comme à fes obiects , c'eft à dire ,
qu'on la faict ou fortir par vne
parfaite contemplation hors de

toutes les creatures, ou qu'on
l'y fait entrer par vne parfaicte
prudence, l'obligeant à l'examen des moindres actions & des
circonstances singulieres ; c'est
alors qu'on y remarque des actions particulieres, qui sont d'autant plus difficiles à cognoistre
qu'elles dependent de la raison
mesme, mais d'vne plus forte
& plus vigoureuse raison qui
se comprend soy mesme, comme si elle auoit quelque sorte
de diuinité subalterne, comme
elle est vrayment une raison
subalterne à la premiere raison ;
qu'elle dépend dis-ie d'vne pu-
reté de cœur demeslé de toute passion, & d'vn rencontre
de circonstances, d'autant plus
difficile à cognoistre qu'il arriue rarement. C'est pourquoy quand la raison a vacqué
long temps meurement & de

bonne foy à fe cognoiftre, quand
elle ſeſt releuee par de continu-
elles contemplations pardeſſus
elle-meſme, iuſques à ramaſſer
en vne generale cognoiſſance
toutes les circonſtances qui la
pourroient obliger à quelque
ſorte d'action, comme ſi elle a-
uoit fait une abſtraction de la
notion generale par la pluſpart
des actions indiuiduelles, elle
deuient ſi auſtere & ſi rigoureu-
ſe en ſes actions que quelquefois on la nomme à bon droit
ſcrupuleuſe. Mais ſans qu'elle
contracte ceſte defectuoſité, il
eſt vray qu'elle en approche de
ſi pres, que ſa derniere perfection conſiſte en cette proximité.
Et ceux qui à cauſe de leur ignorance ne ſçauroient diſcerner
les choſes qui par leur reſſem-
blance pipent & abuſent les ſens,
ſont contraints ſouuentesfois de
ſ'y laiſſer

s'y laiſſer couler, confondant les
vnes auec les autres, les appa-
rences auec les veritez, les choſes continues auec les conti-
gues, les vertus auec les vices:
& neantmoins auec quelle difference de vie pardeſſus les autres viuent ceux qui ont hauſſé
la raiſon iuſques à ce poinct?
combien ont-ils leur liberté reſ-
treinte, & leur raiſon captiuee
ſoubs diuerſes loix, qui ne dependent que de la raiſon meſme?
Mais ce n'eſt pas touſiours d'v-
ne meſme façon que la raiſon
oblige, & ſes commandemens
ne ſont pas egalement naturels,
ny par le moyen d'vne meſme
connoiſſance. Il y en a qui ſont
tellement empreints en nos
cœurs, que ſans aucune diſcipli-
ne, ſans art, ſans nouueau diſ-
cours, vn chacun de nous par la
ſeule lumiere de la raiſon, iuge de

H

leur honnesteté, & de nostre o-
bligation : les autres qui deriuent
de ces premiers principes, comme les plus prochaines conclusions qui en coulent naturellement par vne facile, euidente,
& necessaire consequence : de
sorte qu'il n'est point besoin d'art
ny de discipline pour les extrai-
re, mais seulement d'vn simple
discours que tous les hommes
peuuent former sans aucune peine : les autres se deduisent voire-
ment des principes du droict de
nature, mais par vne consequence non absolument necessaire
ny du tout euidente. Ceux là
sont comme les simples reiettons
qui pullulent du tronc, sans
que la main de l'homme y con-
tribue, & ceux cy sont comme les fruits qui en sortent
à guise d'vne seconde production, par le moyen de la dis-

position des greffes & de la main
du laboureur ; & c'eſt en ce genre dernier de concluſions & de
commandemens où l'homme de
bien a plus de peine, & où il a
beſoin de travailler apres la raiſon pour la polir, pour l'eclair-
cir, & pour luy faire deſcouurir
ce qui nous eſt caché, ou par le
trouble de nos ſens, ou par la malice de noſtre volonté, ou par l'i-
gnorance fatale de notre entendement. C'eſt à cognoiſtre ceux
là, & à les executer, que
l'homme vertueux doit eſtablir
ſa perfection, & ſi elle a des
degrez, comme elle en a, c'eſt
quand par le moyen des eſ-
clairciſſemens qui arriuent en
la raiſon, & des cognoiſſances
nouuelles, il deſcouure de nouuelles obligations. L'homme de
bien qui ſe renferme en ſoy meſme pour debrouiller la raiſon

des tenebres qui l'enueloppent
y remarque tant de commandemens, que tout le cours de sa
vie est vne harmonie d'actions
nombreuses, qui sont si differen-
tes de celles des autres hommes, qu'il est iugé estranger
parmy ceux de son pays mesme, & quoy qu'en la multitu-
de des loix naturelles ausquelles il s'estime obligé, & dont il
s'acquitte entierement, on puisse dire auec raison qu'il n'a point
de loy, si est-il iugé par le reste
des hommes plein de seruitude
en sa liberté, plein de desraison
en sa raison, ennemy de soy-mesme, pource que tout autant d'a-
ctions qu'il fait, sont autant de
protestations de l'amitié qu'il
porte à sa raison ; meurtrier de sa
vie, pour ce qu'il la mesprise pour
ne mespriser pas le commandement de la raison ; fol & insensé

en la profession qu'il fait d'vne
perpetuelle sagesse. Pour ne dire
rien qui ne soit du ressort de la
seule raison naturelle, le voulez
voir en celuy où la raison sem-
bloit habiter comme en vn tem-
ple materiel, mais plustost où
elle s'estoit comme incorporee
pour rendre le corps aussi raisonnable que la raison. Voicy
comme il le mesprise, comme
il l'expose à la mort, comme il
croit y estre obligé pour le bien
du commun. L'ame la plus
innocente de l'estat d'Athenes,
comme estoit celle de Socrate,
auoit esté accusee faussement
de la meschanceté la plus e-
norme qui soit au monde. La
premiere sentence qu'il receut,
ce fut ou d'abandonner son
pays, ou d'estre enfermé dans
la prison jusques au iugement
diffinitif. Quoy qu'il sceust

H iij

asseurément qu'en choisissant la
prison, son innocence seroit à la
fin accablee par la violence des
accusateurs, & par l'iniustice des
Iuges ; si aima il mieux commencer de faire le chemin de la mort
en faisant celuy de la prison ,
que de se priuer par un ban-
nissement volontaire de l'heu-
reux regard de la ville, & du
plaisir de viure en la communauté où il auoit vescu si long-
temps : & puis que toute la po-
lissure & tout le reglement que
l'on pouuoit apporter en la raison estoit en la sienne, & qu'outre cela il estoit assisté & conduit
en ses actions par vn Genie qui
se plaisoit en sa conuersation ,
& qui se messoit tellement à son
entendement, que leurs commu-
nes actions comme si elles eussent procedé d'vne mesme forme, sembloient estre de tous les

deux comme d'vne mefme perfonne : puis qu'il eftoit comme
vne des intelligences fur la terre,
qui ne fçauroient fe repentir de
leurs actions, pource qu'elles
ont par aduance toutes les con-
fiderations qui pourroient par
apres caufer le repentir ; ne
faut il pas croire que la grande
cognoiffance qu'il auoit de tout
ce qui eftoit confiderable au
choix de ces deux extremitez,
l'auoit obligé à l'election de la
plus mauuaife. Car autrement
qui ne diroit qu'il y a de l'im-
prudence à vouloir pluftoft
mourir actuellement, que mourir ciuilement ? qu'il y a de
la haine & de l'iniuftice contre
foy mefme à ne vouloir point
mourir ciuilement pour eui-
ter de mourir reellement ? ou
bien qu'il y a de l'amour exceffif
de vouloir toufiours viure en la

douce conuerſation de ſes ciꞏ
toyens, & de n'eſtimer pas qu'on
eſt plus obligé à ſa vie qu'à ſon
plaiſir? de la vouloir perdre pour
ne la perdre pas? d'aimer l'aꞏ
mertume de la mort pource qu'ꞏ
on ne peut pas poſſeder la vie
ſans amertume! Mais c'eſt vne
ſecrette & profonde philoſophie
de la raiſon parfaite, qui ne
peut eſtre compriſe que par vne
meſme perfection de raiſon: laquelle ſi nous poſſedions, il ne
nous ſeroit point difficile de
croire que Socrate pouuoit eſtre
obligé de n'abandonner pas la
ville d'Athenes par vn banniſ-
ſement volontaire, puis qu'il y
auoit deſia paſſé ſoixante dix
ans de ſon aage ſans l'abandonner. Et qui ſçait ſ'il ne ſ'eſtoit
point peut eſtre obligé à Dieu,
lequel il cognoiſſoit ou ſom-
brement ou clairement, comme

me par le vœu d'vne naturelle
& infuze religion, ou à tout le
moins à fon Genie, c'eſt à dire
à ſa raiſon fortifiee des illumi-
nations & enſeignemens celeſ-
tes d'eſtre le reſtaurateur de la
raiſon ruynee ? de paſſer ſes ans
en vne perpetuelle pedagogie
pour le bien de la ieuneſſe ; &
de la choſe publicque ? afin que
la raiſon qu'il voyoit eſtre de-
prauee & preſque eſtainte en la
plus part des hommes, vinſt à
renaiſtre, & à reluire de nouueau par ſon moyen en tous
ceux de la ville d'Athenes.
Mais laiſſons en ſuſpends ceſte
obligation, & pourſuiuons cette tragique action, afin de remarquer en ce perſonnage, par
vn eſtrange progrez de raiſon
l'obligation de la partie à l'endroit de ſon tout, & comme la
pluſ-part des hommes ont leur

I

raifon offufquee par le nuage de
l'ignorance, ou des paffions qui
empefchent fa lumiere de leur
faire iour en la cognoiffance de
leur deuoir. Comme il eftoit en
prifon, & que fon Genie l'euft
defia aduerty du iour de fa mort,
Criton fon intime amy le vint
voir, & apres luy auoir trifte-
ment denoncé comme pour per-
cer du premier coup par vn trait
d'horreur l'impaffibilité du cœur
qu'il vouloit amolir à fon bien,
que c'eftoit ce iour que la nauire,
funefte prefage de fa mort deuoit
arriuer de Delos, il le corrigea
doucement en luy predifant plus
certainement le iour qu'il deuoit
mourir. Tefmoignage euident
que fon ame y eftoit defia dif-
pofee & qu'elle aprochoit de
fa liberté! Criton pour deftourner ce mauuais augure le prie de
vouloir entendre à fe fauuer, luy

dit, que ſes accuſateurs & ſes
gardes ſe peuuent gagner par ar-
gent, que cela ſe fera ſans bruit
& ſans ſcandale ; qu'il permette
que ſes amis employent la moindre partie de leurs biens, pour
conſeruer leur plus grand bien ,
qu'ils ayent l'honneur de l'a-
uoir ſauué par obligation afin
qu'ils n'ayent pas le blaſme de
ne l'auoir pas voulu faire par
auarice, que c'eſt iniuſtice de
ſe tuer & d'eſtre de la partie
de ſes ennemis contre ſoy-meſme, inimitié de cauſer tant de
naux, & ſur tout l'infamie à
ſes amis, impieté de manquer
u deuoir de pere, & de com-
nettre à la fortune les mœurs
le ſes enfans, qui ſans doute
omberoient en la diſgrace ordi-
iaire des orphelins : laſcheté d'e-
tre entré en iugement lors qu'il
ouuoit ſ'en exempter, d'eſtre

entré en prifon lors qu'il pouuoit n'y entrer pas, & de f'eftre
fait mourir lors qu'il pouuoit viure fans reproche. Socrates refpond comme fi l'entendement
fe fuft armé contre les fens ;
Que l'affection de Criton feroit
beaucoup à prifer fi elle eftoit
fouftenue de la raifon ; mais
fans celle là qu'elle eftoit d'autant plus fafcheufe qu'elle eftoit plus vehemente. Quant à luy
qu'il n'a iamais fait autre pro-
feffion que d'obeir à la raifon ;
Que c'eft elle qui eft la mefure
des actions iuftes & iniuftes, &
que l'opinion de tous les autres
ne luy eft rien au pris de fes
commandemens qui luy font in-
timez par le difcours que elle
mefme forme de fes obligations,
comme les loix politiques le
font par la promulgation. C'eft
pourquoy il affeure fon amy par

de longues preuues, qu'elle luy
commande d'attendre pluftoft
la mort, & de fe la donner fi befoin eft, que de fortir hors de
la prifon fans le congé des A-
theniens qui l'y ont mis : que ce
feroit renuerfer tout le bien
commun & l'ordre des loix aufquelles il f'eft foubmis volontairement ; qu'il n'a pas le mefme droit fur la Republique que
la Republique a fur luy : qu'il
luy eft deffendu de repouffer
l'iniure qu'elle luy fait par vne
iniure : qu'elle eft fon tout, &
luy vne de fes parties : qu'il ne
peut, fans contreuenir à l'obligation contractee par foixante
fix ans de vie paffez en la ville
d'Athenes, commencer à viure
comme vn ferf fugitif en vn eftrange pays malgré la Republique qui l'a nourry iufques aux
extremitez de fa vie, pour n'a-

uoir voulu mourir comme vn
homme de raifon & de libre condition pour le bien des loix & de
la chofe publique. Quelle mer-
ueille de la raifon parfaite eft
celle la que là où les autres dou-
tent de la puiffance, elle y trouue de l'obligation ? que là où les
autres fentent de l'horreur, elle
y eft portee par affection ? Ce
font les merueilles que Dieu fait
voir en la raifon, qui eft fon
image , à ceux qui fe rendent
capables par la purification de
leur fens, d'en voir l'exemplai-
re quelque iour , & qui bien
qu'efloignez de leur origine durant le cours & le pelerinage de
ce monde , approchent neantmoins le plus pres de leur pâys.
Et qu'euft fait ce perfonnage f'il
euft vefcu en vne monarchie auffi policee que la noftre ? n'euft-il
pas creu que fon obligation en-

uers le Monarque & son pays
euft monté d'autant de degrez
que la Monarchie furpafle le
Gouuernement populaire , que
noftre Monarchie fondee fur de
meilleures loix furpafle les autres Monarchies, & que le Monarque fous lequel nous viuons,
furpafle en toutes qualitez le refte des Princes qui gouuernent
le monde? Mais s'il euft veu cet
Eftat en defordre ainfi que le
monde a efté d'autrefois en
confufion au premier iour de fa
naiffance ; & puis qu'à l'imita-
tion de Dieu qui desbroüilla le
cahos, il euft veu la France re-
mife non pas en fon premier
eftat, ains rehauffee par deffus
toute la gloire qu'elle auoit
euë auparauant, & triomphan-
te tout enfemble de fes ennemis,
& de foy-mefme, par vne en-
trefuite de miracles vrayement

I iiij

mais touſiours par la ſage con-
duite d'vn magnanime Prince ,
qui a mis en vſage toutes ſortes
de vertus , pour ſurmonter toutes ſortes de difficultez qui ſ'op-
poſoient à ſa gloire , de ſorte
qu'on peut dire auec raiſon qu'-
elle eſtoit perduë , ſi elle n'euſt
eſté perdue , & que bien heu-
reuſe a eſté la faute , puis qu'-
elle nous a donné vn tel remede à noz calamitez : mais que
dis-ie , ſ'il euſt veu de ſurplus
encore par le meſme eſprit de
prophetie par lequel il prediſt le
iour de ſa mort à ſon amy, ou
pluſtot ſans eſprit de prophetie,
par la ſeule cognoiſſance de
l'aduenir , qu'vn chacun des
moins prudens pourroit auoir, &
par la diſpoſition des cauſes naturelles , ou des volontez de ſes
ennemis, qui veillent touſiours
à ſa ruine , ſ'il euſt veu la Fran-

ce prefte de tomber en fes premiers defordres, car aduenant
que le Prince tombaft au plus
grand malheur qui pourroit arriuer à la France, qui eft de le
perdre (ce que Dieu ne vueille)
fi de fa mort, de luy, dy ie, qui
ne viuroit defia que par la vie
qu'il auroit receuë de fon Prince,
le Prince pouuoit receuoir fa vie
pour la communiquer comme
par la transfufion de l'ame de l'E-
ftat à tous les membres de fon
Royaume ; ne fe fentiroit - il
pas obligé à plus forte raifon
de prendre la Cigue pour diuertir le malheur du Roy & du
Royaume, tout enféble, par vne
mort volontaire? Il n'y a point
de doute, mais il y en a encores
moins qu'il ne le fift auec raifon,
ou pluftoft qu'il ne f'eftimaft def-
raifonnable f'il ne iugeoit l'obligation qu'il auroit à la perdre,

apres auoir veu fon Prince courir l'efpace de tant d'annees tant
de perils & d'auentures pour la
luy donner & à tous les autres :
Qui feroit vne circonftance qui
pourroit obliger plus eftroite-
ment à cette genereufe action
vn Caualier auffi bon philofophe moral que bon citoyen,
& auffi bon citoyen que bon
capitaine, qui regarderoit, outre l'obligation naturelle qu'il
auroit au Prince & au bien
commun, celle qu'il auroit contracté de nouueau par le bien-
fait receu du Prince, qui auroit remis le bien commun. Car
eftre Philofophe lui feroit cognoiftre telle forte d'obligation,
eftre bon citoyen luy feroit
facilement naiftre le defir de
f'en acquiter pour fi bonne fin,
& l'eftre Capitaine & Genereux
la lui feroit executer auec de la

valeur & du courage : combien
qu'il ne soit point besoin d'autre
chose pour auoir ces perfections,
que de posseder la source d'où
elles deriuent, qui est la raison,
qui peut conuertir la foiblesse
en force, la lascheté en courage ; faire du liéure vn lyon, de
l'homme de bien vn bon citoyen,
d'vn bon citoyen vn bon capitaine, en fin irriter & aguerrir le
plus simple courage, & le porter
à des actions extremes si besoin
est, par la fermeté d'un bon
discours. Mais comme il arriue
souuent que la raison a des om-
brages & de fausses conceptions,
non seulement en dormant, mais
aussi en veillant, non seulement
lors qu'elle est distraite malgré
elle ; mais lors mesme qu'elle
est occupee autant qu'elle peut
à descouurir quelque verité,
soit en fait de conclusions specu-

latiues, foit en fait d'actions mo=
rales; & comme alors elle peut
f'imaginer quelque forte d'obligation, là où il n'en y a que par
fon erreur feulement, & neantmoins elle eft obligee de n'outrepaffer point fon imagination,
comme fi c'eftoit vn vray commandement, & que fon erreur
fuft vne loy que la nature euft
grauee dans le cœur de l'homme : au contraire, il luy arriue fouuent qu'elle paffe fes
obligations fans les outrepaffer,
& qu'elle manque à ne les cognoiftre pas affez, comme elle
manquoit cy deuant à les cognoiftre par trop, & là où fon erreur la faifoit tomber en faute d'v-
ne part, l'ignorance l'en releue
de l'autre. C'eft pourquoi ie n'affeure pas fi generallement que le
fubiet foit fi obligé à f'immoler
pour le falut du Prince, qu'il n'y

puiffe manquer fans forfaire au
cas par nous propofé , pource
que la cognoiffance qu'il faut
prealablement auoir d'vn fi haut
deuoir eft fi cachee dans la raifon & dans fon principe , que
l'ignorance ne fçauroit eftre
coulpable en plufieurs, qui n'ont
pas la raifon affez forte pour
demefler toute forte de nœuds ,
ny exercee à tirer les confe-
quences entrelaffees & moins
euidentes de leurs principes.
Auffi y a-til des conclufions mo-
rales qu'on ne fçauroit rapporter à leurs caufes que par vn
long & penible difcours. C'eft
pourquoy la plus faine part
des Theologiens afleurent que
la foy a efté neceffaire pour
l'efclairciffement de la raifon ,
& pour cognoiftre en la lumiere naturelle des conclufions &
des loix qui nous feroient ou

du tout incognues ou incertai-
nement cognuës , si elle n'estoit
aidee de la lumiere surnaturelle,
& de la reuelation. C'est ce qui
me fait croire que cette obligation estant des plus importantes
& des plus fascheuses à executer , elle a besoin de trouuer en
l'homme vne parfaite raison qui
luy destrempe & adoucisse par
vn long discours l'aigreur de l'a-
ction , qui luy face clairement
voir l'imperfection de la partie
au regard du tout , qui luy
represente souuent comme vn
moyen de proportion des autres parties enuers leurs touts ,
le mouuement naturel par lequel le bras s'oppose volontairement au trenchant de l'espee
pour la defense de son chef, &
comme c'est vn deuoir auquel la
nature l'oblige , & que mesme ,
s'il estoit possible , cette partie

eftant douee de raifon , elle ne
la difpenferoit point de cette
obligation qui la porte à fa propre ruine. Que cette raifon parfaite luy ramaffe donc toutes
les circonftances qui aggrauent
le mal & la ruine dont eft me-
nacé vn royaume par la mort
d'vn Roy qui le fouftient , les
biens - faicts qu'il en pourroit
auoir receuz , la foy qu'il luy auroit iuree de viure & de mourir
auec luy ; le peu de profit qu'il
porte à fon pays, s'il ne luy pro-
fite de la forte , les maledictions
qu'il aura d'auoir mefprifé les be-
nedictions qu'il euft receuës , le
peu de difference qu'il y a d'aller
de foymefme à la mort ou de la
laiffer venir à foy , & comment
il fe peut faire qu'il foit infinies
fois obligé à la laiffer venir à
foy , & qu'il ne le foit iamais
d'aller à elle ? que s'il eft foldat, il

pourra eftre obligé de ne quitter
point le corps de garde ou le lieu
où il aura efté mis en fentinelle
au milieu du danger , quoy qu'il
foit trefaffeuré d'y demeurer , &
f'il void l'eftat preft d'eftre enue-
loppé en la ruine prochaine du
Prince , il ne fera pas obligé à la
diuertir , fi le falut de l'vn & de
l'autre depend de fa feule ruine ;
il ne fera pas obligé de hair fa
vie , de la deftruire , pour monftrer l'amour qu'il porte à fon
Roy & à fon pays , & en vn
temps nommément ou la mort
le tient de fi pres qu'il ne la
fçauroit éuiter. Qu'en vn rencontre de mer apres auoir
contefté valeurefement contre
l'ennemy , ou de l'eftat ou de
la foy , & fe voyant preft de
tomber peut eftre auec les tre-
fors du Prince , en la puiffance de celuy qu'il aura offenfé ,
& mal

& mal mené toute fa vie, & dont
il n'aura aucune compofition, fi-
non autant de relafche qu'il en
faudra pour inuenter quelque
nouuelle cruauté, qu'en toutes
ces extrémitez, s'il a le commandement & le commun confentement de fes foldats, il ne fera
pas obligé de mettre le feu aux
poudres, & de fe ietter dans
la mer pour ne donner point
moyen aux ennemis d'endommager par fes propres biens la
chofe publique, & pour éuiter
par vne douce mort les cruautez qui luy font preparees, &
qu'il ne fçauroit peut eftre endurer fans defefpoir ? & que
s'il le peut, ou s'il y eft obligé,
ne pourra il pas arriuer en des
circonftances plus importantes,
& où il iuge plus euidemment
de la ruine de l'eftat par la mort
du Prince, qu'il foit obligé

K

à fauuer l'vn & l'autre , allant
volontairement à la mort ? que
f'il eft entier amy , il puiffe ou-
urir le cœur pour y reccuoir
le coup mortel qui alloit tuer
l'amy du cœur , & fi cet amy
eft condamné à la mort , il fe
puiffe offrir au fuplice pour l'en
retirer ; & voyant de loing le
trait de mort qui va donner dans
le cœur du Prince pour donner par ce malencontre le bon-
heur de la victoire à fes ennemis ,
il ne fera pas obligé d'aller au
deuant , afin de receuoir la mort
en le receuant ? luy qui outre
l'obligation naturelle qu'il a de
conferuer la vie du Prince, prend
folde de luy pour s'y obliger
de nouveau , & qui peut-eftre
aura le bon-heur d'eftre de fes
mignons & de fes fauoris ; qu'il
puiffe encore donner à fon amy
la table de naufrage , & s'engouf-

frer dans l'abyſme de la mer , &
qu'il ne ſoit pas obligé , ſi cas ad-
uient , de la donner à ſon Prince pour le bien de ſon pays ?
qu'il puiſſe ſ'abſtenir de manger
pour mourir de faim , à quoy il
aura eſté condamné , & qu'il ne
puiſſe pas mourir pour empeſcher que le Prince ne meure de
faim ? qu'il ſoit obligé de prendre le venin quelquesfois , &
qu'il ne puiſſe iamais eſtre obligé de le prendre pour conſeruer la vie du Prince , & le bien
commun ? que s'il eſt en extreme
neceſſité auec ſon prochain , il
pourra librement luy donner ce
qu'il a de pain , & ſe laiſſer mourir ; & ſi le Prince y eſt reduit
auec luy , & la Republique auec
le Prince , il ne ſera pas obligé
de conſeruer la vie de l'vn & de
l'autre par ſa propre mort ? que
ſ'il eſt innocent , & neantmoins

K ij

accusé comme coulpable , il ne
laiſſera pas d'eſtre iuridiquement
digne de mort , pource que la loy
oblige le iuge de ſuiure les preuues & les depoſitions des teſ-
moins irreprochables en leur
procedure , meſmes contre ſa
ſcience & ſa conſcience ; mais ſi
la iuſtice legale en qui toutes les
loix ſont compriſes , & le bien
commun le condamnent à mourir , ſon innocence & ſa timi-
dité le diſpenſeront de cette obligation ? que , s'il eſt innocent &
citoyen de quelque ville , dans
laquelle il ſe ſera renfermé comme dans vn lieu de ſauuegarde,
ſi le tyran qui le perſecute ,
comme faiſoit autrefois l'Em-
pereur Conſtance le bon Atha-
naſe , menace la ville de ſa ruine totale , ſi elle ne le luy deli-
ure pour le faire mourir , elle
pourra contraindre cet homme ,

quoy qu'innocent , d'aller trouuer le tyran , & fa mort toute
certaine , & f'il y refifte , il en
perdra dés auffi toft fon innocence , & deflors il pourra eftre
deliuré par force , comme cri-
minel & rebelle au Magiftrat
& à la Iuftice : & f'il fe trouue qu'vn Roy foit auffi neceffaire en vn Royaume comme
l'ame eft neceffaire au corps ,
& que la perte de l'vn traine
apres foy la perte de l'autre, n'y
aura-til iamais moyen d'obliger le fubiect à mourir volontairement pour fon Prince ,
afin de deftourner par fa mort
les calamitez publiques qui
menacent l'eftat de ruine ?
Bref qu'vn braue puiffe & doi-
ue pour ce qu'il luy aura efté
commandé par le Prince mettre
le feu en vne caque de poudre
pour faire fauter quelque tour

K iij

ou fortification de l'ennemy ;
bien qu'il foit affeuré d'eftre luy-
mefme en vn moment reduit
en cendres : & qu'eftant ietté
en vn tel deftroit où il luy fail-
le neceffairement mourir, il ne
foit pas pluftoft obligé, & par
la raifon & par la loy Legale
de mourir genereufement que
lafchement, pluftoft fans le Roy
qu'auec le Roy, pluftoft fans
la ruine qu'auec la ruine du
Royaume, pluftoft en vfant de
fa liberté pour fi bonne fin,
que par l'effort de la neceffité fans aucune fin ? puis que
pour auoir encores en vne extreme neceffité le bonheur de
pouuoir vfer de fa liberté, ou
pour le furcroift, ou pour l'allegement de ce dernier malheur, il luy refte à choifir ou
de mourir auec le Prince fans
aucune efpece de generofité,

pour obeïr à la neceſſité, ou de
mourir pour empeſcher la mort
du Prince, & la ruine de l'eſtat
auec vn magnanime courage
pour obeïr aux loix? Quelle difformité peut-on remarquer en
ceſte obligation, qui d'ailleurs
porte le ſalut du Prince & du
public, qui ne ſe deſcouure pluſtoſt en celle là où le ſubiect
pour obeïr à ſon Roy, pour vn
bien particulier, va ſ'enuelop-
pant d'vne nuee de feu qu'il ex-
cite luy meſme, ou pour eſtre
conſommé des flammes, ou
pour eſtre eſcrazé ſoubs les ruines d'vne tour qu'il attire ſur
ſoy par violence? Au contraire
il ſemble ſ'auancer plus à la mort
par ceſte action derniere que par
la premiere : car là où il eſtoit
entierement maiſtre de ſon de-
ſtin ayant ſa vie & ſa liberté en
la main pour en vſer à ſon bon

plaifir, il abandonne l'vn & l'autre à la neceffité de mourir pour
ne violer pas la difcipline militaire ny la loy de fon Prince qui
luy commande de s'endommager & de mourir pour endommager l'ennemy , & de faire vne
action qui reialiffant malheureu-
fement contre luy , l'abat du
contrecoup & le renuerfe mort
par terre : mais de fe donner le
coup de mort lors qu'on ne le
fçauroit éuiter , lors que le deftin eft vrayment tel en noftre
endroit qu'il nous borne nos
ans , & nous ofte la liberté
de viure par la neceffité qu'il
nous impofe de mourir. C'eft
vrayement alors furmonter le
deftin mefme que de mefnager
la neceffité de fa mort par la
refolution qu'on fait de mourir
pour le Prince. Et que d'f-ie ? ce
n'eft pas mourir , puis qu'auant
la

efolution prife, il falloit mou-
neceffairement, mais c'eft fe
iir à fon auantage de fon mal-
ir, pour deftourner celuy du
ice, & de la Chofe-publi-
, & faire, comme l'on dit
imunément, de neceffité ver-
A quoy nous pouuons bien
obligez, à plus forte rai-
puis que nous fommes obli-
de faire des actions qui nous
ent autant la mort qu'à nos
mis mefmes. Quelle repli-
fçauroit-on donner à cet-
aifon ? N'eft-ce pas affez fe
que d'attirer fur foy la rui-
d'vne tour & d'vne forte-
? & f'il y a de l'horreur à
leffaire foy-mefme, ne fe
-elle pas plus clairement en ce
re de mort, où l'on f'embra-
où l'on f'ecraze de fang froid ?
l'on y remarque le comman-
ent du Prince, l'honne-
L

steté de la fin, le bien commun,
l'office d'vn bon homme, de
guerre, & sur tout pour vne en-
tiere marque de disproportion
entre ces deux actions, la consideration du premier motif qui l'y
pousse, qui n'est autre chose que
le mal qu'il pretend faire aux ennemis de l'estat, & non à soy-
mesme primitiuement, il faut toutesfois aduoüer que ce sont autant de preuues pour verifier que
s'oster la vie n'est pas vne action
si difforme qu'elle ne puisse seruir à l'homme de moyen pour
paruenir à quelque fin, que le
Prince ne la puisse enioindre,
qu'elle ne soit du ressort de la discipline militaire, & que la magnanimité ne l'a point tellement
en horreur, qu'elle ne l'ayme,
comme la perfection de toutes
ses œuures, quand la prudence le luy conseille. Et si la prudence le luy conseille pour nui-

re & endommager en quelque
chofe les ennemis de l'Eftat, cette intention qui eft fondee fur
l'obligation qu'il a au bien du
Roy & du Royaume l'induira
beaucoup dauantage quand elle
luy donnera le premier mouuement par foy mefme , & fera
qu'il ne courra pas à fa perte,tant
pour deftruire quelque forterefle
de l'ennemy feulement , que
pour empefcher la deftruction
du Prince , & la perte du bien
commun, qui a le pouuoir de luy
donner l'affection & l'obligation
de fe ruiner , voire par la mefme action par laquelle il fe pre-
pare de ruiner la tour de l'ennemy. Il y a grande difference ,
dira quelqu'vn : car il n'aduance
pas la main meurtriere contre
foy-mefme quand il met le feu
en la poudre , & la violence
du feu qui eft la feconde action

ne se porte pas contre luy , mais
contre la tour. Que si la tour luy
tombe dessus ce n'est donc pas
luy-mesme ; c'est la cheute du
bastiment qui l'accable & qui le
destruit. Mais ce n'est pas à s'enferrer seulement , & à se ietter
soy-mesme d'vn precipice que
consiste la deffence de se tuer
soy-mesme , veu qu'en matiere
de mœurs , on est louable , ou
coupable de toutes les actions
qu'on prevoit auoir quelque con-
nexion à la premiere action ,
quand mesme l'homme seroit
depourueu d'intention & de co-
gnoissance au temps qu'il les
produit ; & comme aux pro-
ductions de la nature le mouuement local , les alterations ,
& les progrés que les semences
font d'vne ame à l'autre , sont
tous effects de celuy qui engen-
dre , & qui est autheur principal
de la chose , & mesme lors qu'il

n'eft peut eftre plus dans le monde quand ils fe produifent & pa-
racheuent , pource que ce font
toutes dependances & acceffoi-
res de la premiere action dont
il a efté le principe : auffi aux
actions de l'agent qui opere par
raifon & par preuoyance tout
ce qui eft recogneu comme de-
pendant de la premiere action
luy eft attribué comme à fa caufe : & quoy qu'entre les effects
qui en refultent , il y ait de la
fubordination , & que l'vn fuppofe l'autre , fi eft-ce que tous
enfemble en matiere de mœurs
font eftimez vne mefme chofe , & participans ou d'vne mefme excellence de vertu , ou
d'vne mefme difformité de vi-
ce. Car la forme des actions
humaines & raifonnables eft la
preuoyance de la fin qui eft fem-
blable & la mefme en toutes ces

actions, puis qu'elles seruent d'vn mesme moyen à l'entendement pour y paruenir : voire si ordinairement l'on apprehende & conçoit le premier ce qui reussit & ressort à effect le dernier, il faudra croire que l'intention de se tuer aura esté plustost en l'homme, que celle du bouluerrement de la tour, puis que c'est la derniere des actions. Mais contentons nous de dire que hors de ceste occasion de guerre, il seroit vraiment meurtrier de soymesme, si par vne telle action il s'abandonnoit à yeux clos à la mort : pource qu'il n'y a rien que l'honnesteté de la fin qui consiste à ruiner les ennemis de la Chose publique, qui l'en dispense, ou qui l'y oblige. Or ramassant les circonstances esparses çà & là, qui rendent nostre cas singulier & extraordinaire, & sur tout, ceste double neces-

fité où le fujet fe trouue, l'vne de
mourir par l'effort de quelque
malheur ineuitable, l'autre de la
Chofe publique, qui eft à la
veille de fa ruine, & qui mourra
certainement en la plufpart de
fes membres fi le Prince meurt,
ou fi quelqu'vn ne meurt & ne
fe facrifie pour le Prince; iugez
fi la mefme fin qui l'oblige à
mourir pour nuire à l'ennemy,
ne le deura pas pluftoft obliger
à mourir pour empefcher la
perte du Prince, & la defola-
tion generale de la chofe publique. Que s'il y a de l'horreur
à f'enferrer de fes propres mains,
il y a des moyens plus doux qui
ne tiennent pas tant de la cruauté; comme par retention d'halei-
ne, par la fuffocation des eauës,
par l'ouuerture de la veine. Car
puis que l'efcoulement du fang
quelquesfois iufques aux der-
nieres gouttes ne lui faict point

d'horreur quand il en espere la
vie du corps, luy fera-il horreur
quand par ce moyen il la donnera à tout vn peuple qui est au
point de la perdre? Qu'il pren-
ne garde que s'il eust esté surpris
par le feu dans vne chambre fer-
mee à clef que les premiers mouuemens de la raison & de la nature eussent conspiré ensemble
pour luy faire euader ce tour-
ment long & douloureux en le
forçant de se precipiter par la
fenestre. Que s'il eust eu loisir
d'y penser, il eust peut estre luy-
mesme iugé que comme il n'est
pas obligé de conseruer sa vie qui
luy a esté donnee en garde, par
la souffrance de toute sorte de
tourmens & de douleurs: aussi
est il obligé de faire s'il peut election des maux & des tourmens
qu'il doit endurer, & de ne vouloir pas mourir d'vn lent & cruel
supplice, & qui porte au deses-

poir quand eſtant reduit à la neceſſité de mourir, il peut perdre
ſa vie par vne prompte legere &
paſſagere douleur. Que ſi cela
eſt doubtera til qu'en la neceſſité où il ſe trouue de mourir,
non pas par la violence d'vn feu
exterieur qui l'aille bruſlant &
deuorant horriblement, mais
par la male faim qui le tient à
la gorge, & par le combat de
ſes ruineuſes qualitez, qui vont
peu à peu ſappant les fonde-
mens de ſa vie auec tant plus
de cruauté qu'on ne la veoit
point agir, & qu'on la ſent touſiours de moment en moment
poindre & aſſaillir le cœur, &
que ce ſont ces propres humeurs
comme des ennemis domeſti-
ques qui exercent ceſte cruauté
contre elles meſmes pour ſe ruiner par leur propre ruine: doutera til di-je qu'il ne ſoit pas obligé
de preuenir le dernier moment

de sa vie pour conuertir la necessité qu'il y a de mourir en la gloire qu'il y a de mourir pour le Prince? Non il n'en doutera pas. Car s'il se souuient que le support d'vn chacun de ceux qui viuent en la Monarchie est le Monarque, que celuy des biens particuliers est le bien commun, celuy des maisons la ville, celuy des villes le Royaume, du Royaume le Roy, du Roy le le deuoir & la prompte obeissance de ses subiects ou la puissance de son bras qui est le bras de Dieu contre les rebelles, il comprendra facilement qu'il n'y a point d'autre difference entre estre homme de bien,& estre bon citoyen, sinon en ce qu'il y a des occasions ausquelles il ne sçauroit se montrer homme de bien s'il ne se monstre bon citoyen : & s'il ne veut iamais faillir aux ordonnances de la parfaite raison,

ny se detraquer de son deuoir, s'il
recognoist tant soit peu à quelle
fin il a esté creé, que c'est plustost
pour autruy que pour soy mes-
me, que c'est plustost pour l'estat
œconomique que pour l'estat E-
thique, plustost pour le politique
que pour l'œconomique, plustost pour estre homme de famille
que pour estre homme solitaire,
plustost pour estre homme de ville & de communauté que de fa-
mille:bref pour estre plustost sous
des Rois & des Princes souue-
rains, que pour estre luy mesme,
son Roy & son Prince, il se sentira
plus estroitement obligé aux loix
de la republique qu'à ses propres
loix, au bien commun qu'à son
bien particulier, à la vie du Prince, quand l'estat en a besoin
pour se maintenir, qu'à sa propre vie, quand l'estat n'en a besoin que pour la perdre. Et puis
qu'il se voit en tant de rencon-

tres de guerre obligé à l'expofer
à toute forte de dangers , & à
fouffrir toute forte de maux , il
faut qu'il face eftat que quand ou
par fa naiffance , ou par fon election il a efté fait membre d'vn
Royaume ou d'vne communau-
té , il eft entré comme en la plus
auftere religion de ce monde , en
la confrairie des mourans , où
il ne f'agit pas de fe mortifier feulement , mais de mourir reellement , ou le commandement
n'eft pas tant d'obeyr à autrui
que de commander à foymefme ,
de voir le danger & ne le fuïr pas,
de vouloir viure & ne le vouloir
pas tout enfemble, de f'ofter la vie
pour la donner à fon Prince , de
f'enfeuelir dans l'amour & dans la
memoire de fes citoyens par vne
genereufe mort , pour ne f'enfeuelir pas dans la ruine de fon pays
par la mort de fes citoyens.

F I N.

Extraict du Priuilege du Roy.

Par grace & Priuilege du Roy, il
est permis à Toussainct du Bray
marchand Libraire Iuré en l'Vniversi-
té de Paris, d'imprimer ou faire imprimer vn liure intitulé *Question Roya-*
le & sa decision, & ce iusques au terme
de six ans finis & accomplis, pendant
lequel temps defenses sont faites à
tous Imprimeurs & Libraires de ce
Royaume, d'imprimer, vendre ou
distribuer ledit liure sans le congé &
consentement dudit du Bray, sur peine de confiscation desdits liures, & de
cinq cens liures tournois d'amende,
ainsi qu'il est plus amplement contenu
ausdites lettres, donné à Paris le 1
iour d'Aoust 1609.

Par le Conseil,

DE VERNESON.

www.ingramcontent.com/pod-product-compliance
Lightning Source LLC
Chambersburg PA
CBHW071806090426
42737CB00012B/1976